山东工商学院法学文库（7）
总主编　张献勇　夏凤英

中国行政法学导论

李升元　编著

中国人民公安大学出版社
·北　京·

总　序

山东工商学院（原中国煤炭经济学院）法学专业教育始于1993年。当年，学校首批招收了经济法专业专科学生。1999年，法学专业本科学生首批招生。在法学专业创办20年即将到来之际，我们拟以法学学科和专业教师的博士学位论文和国家社会科学基金项目、省部级科研项目为基础，推出“山东工商学院法学文库”。旨在展示山东工商学院法学研究成果，传播法学学术思想，为推动我国法学理论创新和指导法治建设实践尽绵薄之力。

“山东工商学院法学文库”能够面世，得益于山东工商学院对学科建设的高度重视。早在1999年，宪法学与行政法学就被确定为学校重点建设学科。经过努力，宪法学与行政法学又先后获批为山东省“十五”和“十一五”重点建设学科。2009年，宪法学与行政法学被学校列为校级强化建设学科，经济法学被列为校级重点建设学科。学校对法学学科的重视和支持，极大地调动了教师学科建设的积极性，也为本文库的顺利出版提供了有力的物质保障。

目前，法学学科点共有专业教师34人，其中教授7人，副教授13人，具有高级职称的教师占全体教师的比例为59%。拥有博士学位的教师7人，在读博士5人，博士和在读博士占全体教师的比例达到35%。已经形成了一支方向稳定、结构合理、治学严谨、勤勉上进的学术队伍，特别是青年教师崭露头角，具有良好的研究潜力，实乃一件幸事。

法学学科点始终坚持以教学为中心，教学设施不断完善，教学改革扎实推进，教学质量稳步提高。建设了高标准的模拟法庭实验室，图书馆相关藏书丰富，建成了资料室和微机室。按照应用型人才培养要求，依据学科优势和学校特点，实施精细化、分方向人才培养模式改革，即在新生入学之始就为其确定4年就读期间的专业指导教师，在高年级分宪法行政法和民商经济法两个专业方向实施教学。法学专业曾被评为学校优秀专业，1个教学团队被列为校级教学团队，1门课程建成了省级精品课程，3门课程建成了校级精品课程。主编教材7部，分别由法律出版社、北京大学出版社、中国民主法制出版社等出版，其中1部获得山东省普通高等学校优秀教材一等奖。1项教学成果获得山东省高等教育优秀教学成果三等奖。4篇论文被评为山东省优秀学士学位论文。截至2011年，已累计为社会培养法学本专科毕业生3000多人，得到了用人单位的普遍好评。他们正在各自的工作岗位上为法治建设增砖添瓦，为推动社会进步和实现公平正义发光发热。

法学学科点十分注重科学研究和学术交流，近年来，共主持国家社会科学基金项目4项，教育部人文社会科学研究项目、司法部法治建设与法学理论研究项目等省部级研究项目40多项，获得山东省社会科学优秀成果奖等各类奖项30余项，出版专著20余部，在《中国法学》、《法商研究》等重要学术刊物发表论文110余篇，取得了较为丰硕的研究成果。学科点先后邀请50多位知名学者来校讲学或指导，派出多名教师参加国内外重要学术会议，先后承办了2001年中国法学会行政法学研究会年会、全省建设“平安山东”法治理论研讨会、2010年山东省法学会宪法学研究会年会、2011年山东省法学会财税金融法学研究会年会等学术会议，学术影响逐步扩大。

我们深知，我校法学学科和专业建设起步较晚，虽然取得了一定的成绩，但与国内一流法律院校相比还有不小的差距。我们期望在我国实行“依法治国、建设社会主义法治国家”的进程中，借由本文库的出版，推动我校法学学科建设和专业建设水平的进一步提高。

最后，感谢中国人民公安大学出版社对本文库的出版给予的宝贵支持。

张献勇

2011 年 11 月 10 日

目 录

第一章　行政法学概述

一、行政

“行政”是行政法学中最基本的概念，探讨行政法学的内涵，首先得厘清行政的概念。《现代汉语词典》对“行政”的释义是：行使国家权力；机关、企业、团体等内部的管理工作。“行使国家权力”通常被称为公共行政，简称公行政；“机关、企业、团体等内部的管理工作”通常被称为私人行政，简称私行政。行政作为行政学、行政管理学、行政法学共同研究的课题，各自研究的侧重点并不相同。行政学研究的行政侧重公共行政现象，强调国家的行政职能，亦即政府职能；行政管理学研究的行政着重分析事实问题，甚至专门研究行政组织和管理的技术，特别强调组织、管理，行政基本上跟管理画等号；行政法学研究的行政，同样主要是公共行政，但更多强调的是能够受到法律评价的行政活动，包括一般所讲的管理者、被管理者甚至监督者实施或参与的那些应当受到法律评价的行政活动。因此，行政法学视野下的行政有着自身明显特点。

（一）行政法学视野下行政的特点

第一，行政法学视野下的行政并不泛指所有公共行政，而仅指宪政意义上的公共行政。对宪政的认识，迄今各国仍有不同的看法，但自1215年英国《自由大宪章》诞生以来，各国对宪政的孜孜追求始终离不开这样一些要素：至少要有一部宪法性法律文件，对国体、政体以及国家机构、公民权利等作出相对稳定的制度性安排；国家权力要有分工，国家权力之间要相互制约或制衡；公民权利应当受到切实的法律保护，包括程序法的保护，等等。这样的宪政追求在国家层面得以真正逐步确立，在实际上还是人类社会进入资本主义社会的事。由此看来，宪政意义上的公共行政，即便在西方法治发达国家，也就是三百多年的历史，在我国则仅有百年历史。正是行政法学视野下行政的这一特点，从外延上排除了宪政确立之前和宪政尚未深入领域的公共行政，如古代行政、执政党行政等。

第二，行政法学视野下的行政以形式意义上的行政为主体，以实质意义上的行政为补充。形式意义上的行政亦即行政机关的活动，实质意义上的行政亦即行使行政职能的活动。在现代社会，由于国家的强势以及国家权力分工的细化，行政机关的活动不但构成了公共行政的主体，而且成为辨别行政法学视野下行政的主要标志，因此行政法学视野下的行政理所当然应当以行政机关的活动抑或形式意义上的行政为主体。然而，从根本上讲，真正决定某一行政活动是否属于行政法视野下的行政，究其实质还要看其是否是行使行政职能的活动，亦即实质意义上的行政，因此实践中又不得不以是否是行使行政职能的活动为补充，去进一步认知行政法学视野下的行政。因此，认识行政法学视野下的行政，既要明确形式意义上的行政，即行政机关的活动一般属于行政法学视野下行政的普遍性，如行政执法等；又要明确根据实质意义上的行政，即行政职能的标准，有些形式意义上的行政，即行政机关的活动并不属于行政法学视野下行政的特殊性，如行政机关采购日常办公用品等；也要明确除形式意义上的行政，即行政机关的活动为行政法学视野下的行政外，还有一部分行政虽不符合形式意义上行政的形式，但因具备实质意义上行政的内容而称其为行政法学视野下的行政，如足协对足球俱乐部以及球员的罚款处罚等。

第三，行政法学视野下的行政不仅仅局限于国家公共行政，当前呈现出向非国家公共行政延伸的趋势。[①] 这一趋势变化与公共行政由国家垄断逐步向社会公共组织分权、放权、授权、委托的局部松动有关，如公共社团（律师协会、医生协会、足协等）的行政以及公共企事业单位（国有企业、公立学校、研究所等）的非国家公共行政等。20世纪以来，各国行政法学突破传统，开始将此类非国家行政纳入行政法的范围。许多英美行政法学著作在讨论正当法律程序原则时，引用公立学校开除学生学籍或给予其他纪律处分的案例，以及律协拒绝给律师颁发营业执照或吊销律师执照的案例；德国、日本、法国等国的行政法学著作大多单设专章研究国家行政机关以外的公法人行政；我国人民法院的行政判例近年来也开始涉及国家行政机关以外的公共行政问题，如田永诉北京科技大学拒发毕业证书、学位证书以及拒办毕业派遣手续案，广州吉利足球俱乐部、浙江绿城足球俱乐部诉中国足协行政处罚案等。

第四，行政法学视野下的行政不仅仅局限于管理者实施的公共行政活动，还包括被管理者参与实施的公共行政活动以及监督者的监督行政活动。行政不是行政机关的专利，作为被管理者的公民、法人、其他组织也有权参与实施行政活动，如公民申领机动车驾驶证、企业进行登记等行为都属于行政活动；权力机关、检察机关、审判机关等作为监督者同样有权实施监督行政的活动，如权力机关开展行政执法检查、检察机关向行政机关提出检察建议、审判机关受理行政案件等都是非常典型的监督行政活动。行政法学视野下行

① 从空间上来看，公共行政是与私人行政相对应的一个概念，均属于行政的范畴。公共行政在范围上宽于国家行政，不仅包括国家行政，还包括国家行政之外的社会行政。在传统意义上，通常将公共行政等同于国家行政，讲行政法是关于公共行政的法。事实上，公共行政与国家行政并非同一概念。公共行政与国家行政是一般与特殊的关系。公共行政是行政主体凭借公共权威而对公共事务的组织与管理，根据公共权威的来源不同，可将公共行政划分为政府行政和非政府行政。因政府行政的权威来源于国家权力，又称国家行政；而非政府行政的权威来源于社会，故又有社会行政之称。

政的这一特点经常被学界与实务界忽视。

此外，行政法学研究的行政，之所以与行政学、行政管理学研究的行政存在明显不同，从形式上讲，还在于行政法学视野下的行政一般受特殊的法律规则即行政法的支配。长期以来，受实然法的影响，学界习惯于将已经受到行政法规范调整的行政纳入行政法学研究的视野，而将尚未受到行政法律规范调整的行政排除在行政法学研究视野之外。这种貌似谨守学科分际的学科立论，实际上恰恰犯了本末倒置的错误。因为行政法学不仅应当研究有关行政的实然法，而且应当研究有关行政的应然法。易言之，即便那些目前尚未受到行政法规范的行政，只要其本质上归属于行政法学研究范畴，也应当成为行政法学视野下的行政，如事业单位、社会团体内部的部分公共管理活动，尽管目前多数还没有受到行政法律规范的调整，但基于其实质意义上的行政职能行使，应当逐步纳入行政法学视野下行政的范畴。

总之，一般而言，行政法学视野下的行政，从外延看，是宪政意义上的公共行政，它以形式意义上的行政为主体，以实质意义上的行政为补充，随着行政国的建设，逐步呈现出从国家公共行政向非国家公共行政延伸的趋势。从内涵看，不仅仅局限于管理者实施的公共行政活动，还包括被管理者参与实施的公共行政活动以及监督者的监督行政活动。同时在形式上又表现出受特殊的法律规则即行政法支配的特征。讲行政法学视野下的行政主要是公共行政、国家行政、形式意义上的行政，是就行政法学视野下行政的主要特点而言的。

（二）行政法学视野下行政的分类

从行政法学视野下行政的特点可知，行政有公共行政与私人行政之分，公共行政有国家行政与非国家行政之分，国家行政又有形式意义上的行政与实质意义上的行政之分。实践中，根据不同的划分标准，还可对行政作不同的分类。

依行政的目的，行政可分为积极行政与消极行政，前者通常指积极主动地实施行政管理活动，如环境保护；后者指作为管理者的行政机关尽量控制自己的积极判断，尽可能地实施具体行政，如警察行政。对积极行政重点控制其作为性犯罪，防范越权行为；对消极行政重点防范其不作为。

依行政的性质，行政可分为规制行政与给付行政。规制行政和给付行政是近几十年来对西方国家行政职能的形象总结。前者是指以限制规范公民、法人及其他组织的权利、自由的方式达到行政目的的行政活动，如交通规制；后者指政府通过给予公民、法人及其他组织利益和便利等方式实现行政目的的活动，如社会保障。

依行政的方式，行政可分为权力行政与非权力行政。前者指通过强制性的支配力量实现行政目的的行政类型；后者指通过非权力方式，诸如劝告、建议、指导、契约等方式实现行政目的的行政类型。非权力行政的扩张是现代行政的一个发展趋势，如何授权或如何使之合法，如何规制或如何划分界限，是权力行政与非权力行政划分亟须解决的问题。

依行政机关与相对一方之间的权利义务关系，行政可分为负担行政与授益行政。前者指剥夺、限制公民、法人及其他组织人身财产权益的行政，如税收；后者指给予公民、法人及其他组织某种权益的行政，如发放最低生活保障金。

此外，根据行政机关享有和行使权力的自由度，行政分为羁束行政与裁量行政；根据行政机关有关行为的方式，分为作为行政与不作为行政；根据行政的职能划分，可以有组织、人事、公安、司法、民政、经济、科技、教育、军事、外交等部门行政；根据行政的范围划分，可以有中央行政和地方行政、城市行政和农村行政、内部行政和外部行政等。

二、行政法

（一）行政法的概念

2011 年 10 月 27 日，国务院发布的《中国特色社会主义法律体系》白皮书第2条明确指出："……行政法是关于行政权的授予、行政权的行使以及对行政权的监督的法律规范……""行政法"一词最早产生于法国，法文为 droit administratif，英文为 administrative Law。[①] 我国行政法一词最早从日本引进。迄今为止，国内外对行政法概念的解读，依然存在很大不同。西方学者特别是英美学者普遍认为行政法是控权法，如美国行政法学者伯纳德·施瓦茨认为："行政法是控制国家行政活动的法律部门，它设置行政机构的权力，规范这些权力行使的原则，以及为那些受行政行为侵害者提供法律补救。"[②] 英国学者韦德认为："行政法定义的第一个含义就是它是关于控制政府权力的法。"[③] 而早期的大陆法系国家以及苏联的行政法学者普遍主张行政法是管理法，如苏联学者马诺辛认为："行政法作为一种概念范畴就是管理法，更确切一点说就是国家管理法。"[④] 近年来，我国学者更多从调整对象的角度对行政法的概念进行了阐释，如罗豪才认为："行政法可以表述为调整行政关系和基于行政关系而产生的监督行政关系的法律规范体系。"[⑤] 姜明安认为："所谓行政法，即是指调整行政关系、规范和控制行政权的法律规范系统。"[⑥] 很显然，国内学者有关行政法概

---

① 罗豪才主编：《行政法学》，中国政法大学出版社1999年版，第4页。

② [美]伯纳德·施瓦茨：《行政法》，徐炳译，群众出版社1986年版，第1页。

③ [英]威廉·韦德：《行政法》徐炳等译，中国大百科全书出版社1997年版，第5页。

④ [苏联]B. M. 马诺辛等：《苏维埃行政法》，群众出版社1983年版，第24页。

⑤ 罗豪才主编：《行政法学》，中国政法大学出版社1999年版，第7页。

⑥ 姜明安主编：《行政法与行政诉讼法》，北京大学出版社、高等教育出版社1999年版，第7页。

念的论述，基本上都是围绕行政关系展开。正如日本行政法学者南博方认为“行政法即是有关行政的法”[①] 一样，笔者认为，简单地说，行政法本质上是规范行政关系的法律规范的总称。

(二) 行政法的特征

与民法、刑法相比，行政法有其鲜明的特点：

1. 行政法的调整对象是行政关系

每一个部门法都有自己特定的调整对象，即某种特定的社会关系。同所有部门法的调整对象一样，行政法的调整对象也是一种社会关系，即行政关系。所谓行政关系，就是各类行政法主体间围绕行政形成的各种关系，我们将这类社会关系的总和称为行政关系。2011 年 10 月 27 日，国务院发布的《中国特色社会主义法律体系》白皮书指出：“行政法调整的是行政机关与行政管理相对人之间因行政管理活动发生的关系。”其实，因行政管理活动发生的关系内涵极其丰富，概括起来主要有行政管理关系、监督行政关系、救济行政关系、内部行政关系。

行政管理关系，亦称外部行政管理关系，是行政关系中最主要的部分，如行政许可关系、行政征收关系、行政给付关系、行政裁决关系、行政处罚关系、行政强制关系、行政检查关系、行政确认关系等。从主体的角度看主要包括：（1）行政机关或特定组织在行使行政管理职权过程中与其他国家机关产生的关系；（2）行政机关或特定组织在行使行政管理职权过程中与企事业单位和社会团体之间的关系；（3）行政机关或特定组织在行使行政管理职权过程中与公民之间的关系；（4）行政机关或特定组织在行使行政管理职权过程中与外国组织、外国人及无国籍人之间的关系等。主要特点是：（1）主体只能是行政主体和行政相对人；（2）行政主体处于主导地位。

---

① ［日］南博方：《日本行政法》，杨建顺、周作彩译，中国人民大学出版社 1988 年版，第 5 页。

监督行政关系，亦称行政监督关系，是监督主体对行政主体及其公务员等进行监督时发生的关系，也是行政关系中最能体现人民民主的一部分，如质询、罢免、举报、投诉、信访、集会、游行、示威、罢工、行政监察、审计等。这类关系主要有：（1）权力机关与行政机关及其公务员或特定组织之间发生的监督与被监督关系；（2）审判机关与行政机关或特定组织之间的监督与被监督关系；（3）检察机关与行政机关及其公务员或特定组织之间的监督与被监督关系；（4）社会团体、公民个人、新闻媒体与行政机关或特定组织的监督与被监督关系。广义上还包括行政组织系统内部的行政监督、审计监督以及上下级行政机关之间的监督关系。主要特点是：（1）主体具有多元性。监督主体包括权力机关、司法机关、监察机关、行政相对人等，被监督主体包括行政主体、国家工作人员等。（2）内容因具体参与主体不同而具有较大的差别性，如权力监督、司法监督、行政监督、行政相对人监督的差异等。（3）监督主体处于主导地位。

救济行政关系，亦称行政救济关系，主要指行政相对人认为其权益受到行政主体作出的行政行为的侵犯，向行政救济主体申请救济，行政救济主体对其予以审查，作出向相对人提供或不予提供救济决定而发生的关系，如行政复议关系、行政赔偿关系、行政补偿关系、行政诉讼关系等。主要特点是：（1）存在三方主体，即行政相对人、行政主体、行政救济主体；（2）部分行政救济关系与行政监督关系重合；（3）行政救济主体处于主导地位。

内部行政关系，亦称行政主体内部关系，表现为上下级、平级间、行政机关与所属机构、派出机构间、行政机关与公务员、受托组织、被授权组织间的关系等，如上级行政机关对下级行政机关的领导、指导与监督、行政协助、任免、奖惩、劳动报酬发放等。主要包括：（1）行政机关之间的关系。既包括纵向的上下级行政机关之间的命令与服从关系，也包括平行行政机关之间的公务协助关系等。（2）行政机关与特定组织之间的关系。此种关系主要是指行政机关与依法取得行政主体资格的其他社会组织之间的领导与监督关系，如国务院学位委员会与有权授予学位的高等学校之间的关系。（3）行政机关与公务员之间的关系，如行政机关对公务员的考核、奖惩等。主要特点是：（1）主体多元，类别多样；（2）部分关系的主体地位平等，不存在一方主导的情形；（3）受法律调整的范围小于外部行政关系。

此外，随着行政国的兴起与发展，制定行政法规、规章，发布行政命令等行政立法或制定其他行政规范性文件、行政裁决等行政司法关系也属于行政法调整的行政关系。至于行政相对人之间的关系，如平等保护关系、竞争与合作关系，实践中多受民法调整，一般不属于行政关系，但这一问题尚有待深入研究。

2. 行政法内容广，数量多，涉及行政关系的方方面面

在内容上，不仅包括传统的国防、外交、公安、司法行政、民政、工商、税务、交通运输、海关、科技、教育、文化、卫生、体育等领域，而且还扩展到社会福利、环境保护等社会生活的新领域，部门行政法的蓬勃发展就是很好的例证。在数量上，新中国成立以来，特别是改革开放三十多年来，随着中国特色社会主义法律体系的形成，我国在各个领域制定了众多的行政法规范，行政法早已深入到行政关系的方方面面。行政法的这一特点不仅由行政管理的性质和范围所决定，而且与我国多层次的行政立法体制有密切关系。如前所述，截至2011年8月底，中国已制定行政法方面的法律79部和一大批规范行政权力的行政法规、地方性法规，至于部门规章和政府规章更是难以计数。虽然不能说上述法律、行政法规、地方性法规、部门规章、政府规章的法律规范全部都归属于行政法，但其主体内容无疑都是由行政法构成，如《婚姻登记条例》尽管规范的是婚姻关系，但其大部分条款依然主要是行政法律规范。除此之外，其他法律、法规中也包含了大量的行政法律规范，如《公司法》中有关公司的设立、《物权法》中有关房屋征收等法律规范。因此，行政法无论从内容上还是数量上以及法律影响力等

方面都远远超过其他部门法。

3. 行政法没有统一的法典，法律渊源多样化

与刑法、民法相比，迄今为止的立法实践表明，行政法不可能有统一的行政法（典）。第二次世界大战前，曾有国家尝试过像制定民法典、刑法典一样制定统一的行政法典，但没有取得成效。战后，随着国家干预经济和社会行政事务范围的扩大，制定统一的行政法典更加困难。于是，自19世纪末以来，很多国家放弃了制定统一行政法典的想法转而着手制定行政程序法典。我国在20世纪80年代行政法初创阶段也曾经想制定统一的行政法，但终因工程浩大最终放弃并转而制定单行行政法，如1986年的《治安管理处罚条例》等，目前正在加紧制定统一的行政程序法。[①]

行政法由于没有、也不可能有一部统一的行政实体法典，因此行政法法律渊源更多、更广。成文法律文件、法院判例及行政惯例等都可以成为一国行政法的法律渊源。在我国，行政法渊源是指国家机关依照法定职权和程序制定或认可的有关行政关系的各种法律规范的表现形式，主要有宪法、法律、行政法规、地方性法规、自治条例与单行条例、规章、法律解释等。

宪法是我国的根本大法，其中调整行政关系的宪法规范主要体现在以下几个方面：（1）关于行政活动基本原则的规范；（2）关于中央人民政府和地方各级人民政府组织和职权的规范；（3）关于公民在行政领域基本权利和义务的规范等。这些法律规范共同构成了行政法的法律渊源，具有最高的法律效力。

法律有基本法律和一般法律之分。基本法律由全国人民代表大会制定，一般法律由全国人民代表大会常务委员会制定。凡是有关

① 行政法的特殊性就在于，除了有相对于实体法的行政诉讼法典外，还应有一部与行政实体法相对应的行政程序法典。虽然各国的实践证明无法制定统一的行政实体法典，但在程序方面制定统一的行政程序法典则是可行的。

行政管理内容的基本法律和一般法律都是行政法的渊源，如《国务院组织法》、《地方各级人民代表大会和地方各级人民政府组织法》、《行政处罚法》、《行政强制法》等。

行政法规是国务院为领导和管理国家各项行政工作，根据宪法和法律制定的有关政治、经济、科教、文化、外事等内容的条例、规定和办法的总称。行政法规是仅次于法律的重要规范性法律文件，其数量很多且大都直接对国家行政工作进行调整，因而是行政法的重要渊源，如《国有土地上房屋征收与补偿条例》、《计算机软件保护条例》、《麻醉药品管理办法》等。

地方性法规是省、自治区、直辖市的人民代表大会及其常委会在不与宪法、法律、行政法规相抵触的前提下，较大的市人民代表大会及其常委会在不与宪法、法律、行政法规和本省、自治区的地方性法规相抵触的前提下，根据本行政区域的具体情况和实际需要制定的规范性法律文件。[①] 例如，北京市人大常委会制定的《北京市人口与计划生育条例》、青岛市人大常委会制定的《青岛市物业管理条例》等。自治条例和单行条例是自治区、自治州、自治县的人大依据当地民族的政治、经济和文化特点制定的规范性法律文件，如《内蒙古自治区草原管理条例》等。地方性法规和自治条例、单行条例只限于相应的行政区域内发生效力，其中绝大多数是有关行政关系的法律规范，因而同样都是行政法的重要渊源。

规章有部门规章和地方政府规章之分。根据《国务院组织法》、《地方各级人民代表大会和地方各级人民政府组织法》和《立法法》的规定，部门规章是国务院各部、委员会、中国人民银

---

① 根据《立法法》第63条第4款规定："……较大的市是指省、自治区人民政府所在地的市，经济特区所在地的市和经国务院批准的较大的市。"目前，我国经济特区所在地的市有深圳、珠海、汕头、厦门、海口。国务院批准的较大的市有唐山、大同、包头、大连、鞍山、抚顺、吉林、齐齐哈尔、青岛、无锡、淮南、洛阳、宁波、邯郸、本溪、淄博、徐州、苏州。

行、审计署和具有行政管理职能的直属机构，根据法律和国务院的行政法规、决定、命令，在本部门的权限范围内，按照法定程序制定的规定、办法、实施细则、规则等规范性法律文件的总称。地方政府规章是省、自治区、直辖市以及省、自治区人民政府所在地的市、经济特区所在地的市、经国务院批准的较大市的人民政府，根据法律、行政法规和本省、自治区、直辖市的地方性法规制定的普遍适用于本地区行政管理工作的规定、办法、实施细则、规则等规范性法律文件的总称。从我国目前来看，规章作为行政法的渊源，其效力有特殊性，即作为行政管理的依据，它具有完全的法律效力；但在行政诉讼中规章仅被参照适用，不具有完全的法律效力。但无论如何，规章作为行政法渊源，其数量之多、适用范围之广、使用频率之高均是其他形式的行政法渊源无法相比的，在一定程度上也是行政法独有的法律渊源。

根据《立法法》、《行政法规制定程序条例》、《规章制定程序条例》的规定，法律解释权属于全国人民代表大会常务委员会，全国人民代表大会常务委员会的法律解释同法律一样，具有同等效力。行政法规条文本身需要进一步明确界限或者作出补充规定的，由国务院解释，行政法规的解释与行政法规具有同等效力。① 规章解释权属于规章制定机关，规章的解释同规章具有同等效力。因此，法律解释、行政法规的解释、规章的解释同样构成了行政法的重要渊源。此外，根据 1981 年第五届人大第十九次会议通过的《关于加强法律解释工作的决议》的规定，司法解释也是行政法的渊源之一，典型的如《最高人民法院关于执行〈中华人民共和国

---

① 其中对属于行政工作中具体应用行政法规的问题，省、自治区、直辖市人民政府法制机构以及国务院有关部门法制机构请求国务院法制机构解释的，国务院法制机构可以研究答复；其中涉及重大问题的，由国务院法制机构提出意见，报国务院同意后答复。

行政诉讼法〉若干问题的解释》（以下简称《若干解释》）。[①] 此外，国际条约与协定，除行政法规、规章之外的其他规范性文件，指导性案例，法的一般原理、原则等也构成行政法的非正式渊源。[②]

需要指出的是，我国行政法的渊源结构具有明显的层次性和严格的从属性。不同层次的行政法渊源具有不同的法律效力，这是行政法渊源的一个显著特点。一般来说，宪法具有最高的法律效力，其次是法律，而法律的效力又高于行政法规、地方性法规和规章，行政法规的效力高于地方性法规和规章，地方性法规的效力高于本级和下级地方政府的规章，省人民政府的规章高于本行政区域内较大的市人民政府的规章。

4. 实体法与程序法没有明确的界分，行政法主要表现为程序法

行政实体法规范与行政程序法规范相互交织，共存于一个法律

---

① 《若干解释》第62条明确规定，人民法院审理行政案件，适用最高人民法院司法解释的，应当在裁判文书中援引。

② 国际条约与协定，一般是指我国最高国家权力机关或最高行政机关同外国缔结或批准加入的条约和协定，如我国批准加入的《经济、社会及文化权利国际公约》、签署加入的《公民权利和政治权利国际公约》等。这些条约和协定的内容最终要在国内执行，其内容涉及我国行政机关权力行使和公民、法人的权利义务的规范，就构成了我国行政法的渊源。但由于与民法、刑法不同，这些条约、协定的内容往往不能直接作用于行政法主体，必须通过国内法的形式真正发挥行政法渊源的功能，因而称其为非正式渊源。除行政法规、规章之外的其他规范性文件，尽管其具有普遍约束力，《最高人民法院关于执行〈中华人民共和国行政诉讼法〉若干问题的解释》也明确规定，人民法院审理行政案件，可以在裁判文书中引用合法有效的规章及其他规范性文件，但因其根本不是法，所以也不可能成为行政法的正式渊源；我国目前不承认判例法，因而，最高人民法院根据2010年11月26日发布的《关于案例指导工作的规定》发布的一系列指导性案例，也不能成为行政法的正式渊源。至于法的一般原理、原则同样只能是行政法的非正式渊源。

文件中，是行政法在形式上的又一特点。在刑事法律和民事法律中，程序性法律规范和实体性法律规范早已分离，两者不仅分别规定在不同的法律文件中，而且各自成为独立的法律部门。但在行政法中，尽管行政诉讼法律规范已自成体系，但复杂多样的行政程序始终与实体行政权密切相连。当然，行政法律规范集实体与程序于一身的特点，并不影响制定一部有关行政程序共同适用的基本原则和基本制度的行政程序法典，更不影响行政诉讼法典的独立存在。在许多国家，行政程序性规范不仅体现在自成体系的行政程序法典中，而且还往往散见于以行政实体法规范为主的众多法律文件中，如我国已制定实施的《行政处罚法》就是一部典型的集实体与程序于一身的基本法律。

5. 行政法富于变动性

与宪法、民法、刑法相比，行政法具有很强的变动性，这是行政法的又一重要特点。由于国家行政管理经常处于改革变动之中，客观上就要求行政法与行政管理的变动性相适应，及时用法律手段来调整变动中的行政关系。也就是说，行政法与民法、刑法相比，其立、改、废、再立的过程显得更快一些，尤其是那些法律效力较低的行政法渊源。当然这种变动性并不等于主观随意、朝令夕改，并不与法的相对稳定性相互矛盾，它仅仅是与宪法以及民法、刑法相比所具有的特点。

（三）行政法的分类

除了行政法的特征之外，行政法的分类也是一个认识行政法的重要方面。在实践中常见的分类有以下几种：

按照行政法的调整对象，将行政法分为部门行政法与一般行政法。部门行政法往往是对特定行政领域行政关系加以调整的法律规范与原则的总称，如公安行政法、经济行政法、军事行政法、民政行政法、司法行政法、教育行政法等，但真正从名称上表述为××行政法的很少，如《人民警察法》、《教育法》等。与部门行政法相对应，就有了一般行政法的称谓，一般行政法也称普通行政法或行政法总则，它是对一般行政关系加以调整的法律规范与原则的总称，学界通常将行政组织法，公务员法、行政处罚法、行政强制法等视作一般行政法。①

以行政法的作用为标准，行政法又有行政组织法、行政行为法、行政监督法和行政救济法之分。行政组织法是规范行政主体的设置、编制、职权、职责等内容的行政法；行政行为法是规范行政主体行使行政职权的活动的行政法；行政监督法是规范特定监督主体对于行政主体的行为如何进行监督的行政法；行政救济法则是如何对违法、不当或其他行政行为造成的后果进行补救的行政法。

除上述主要分类外，行政法还有其他分类标准，如中央行政法和地方行政法、城市行政法和农村行政法、平时行政法和战时行政法、国家行政法和自治行政法、积极行政法和消极行政法等。

截至 2011 年 8 月底，我国已制定行政法方面的法律 79 部和一大批规范行政权力的行政法规、地方性法规。概括起来，主要由两个部分构成：（1）行政法主体规范，具体包括行政组织（行政主体）法和行政相对人规则两大部分，其中以行政组织（行政主体）法为主要内容，如《国务院组织法》、《地方各级人民代表大会和地方各级人民政府组织法》等。（2）行政法行为规范，具体包括行政主体应遵守的行为规范、行政相对人应遵守的行为规范以及监督主体实施行政法治监督应遵守的行为规范。其中行政主体应遵守的行为规范是规范行政权力如何行使和运用的法律规范，主要包括行政主体的行政立法、行政执法和行政司法行为的标准、原则、程序以及对各类行政事务进行管理的法律

① 实际上，说行政组织法，公务员法、行政处罚法、行政强制法等单行行政法是一般行政法也只是一种相对应的称谓，从根本上讲，这些单行行政法实际上依然是特别行政法，只有行政程序法、行政诉讼法才是真正的一般行政法。

规范，如《立法法》、《行政处罚法》、《行政许可法》、《行政强制法》、《行政复议法》等；行政相对人应遵守的行为规范主要包括行政相对人参与行政管理的权利、义务和方式以及进行经济、文化活动，遵守行政秩序的法律规范等，如《道路交通安全法》、《集会游行示威法》等；监督主体实施行政法治监督应遵守的行为规范主要包括监督主体实施行政法治监督的权力与权利、方式及责任等法律规范，如《各级人民代表大会常务委员会监督法》、《行政诉讼法》、《国家赔偿法》、《行政监察法》、《审计法》等。需要特别指出的是，根据前文对行政法学视野下行政的解读，所谓的唐代行政法、明代行政法、清代行政法等古代行政法显然不属于本书所讲的行政法的范畴。

三、行政法学

（一）行政法学的研究对象

作为一门独立的法学学科，行政法学主要研究行政法现象及其规律。作为一门系统的部门法学科，行政法学必须对其研究对象进行全方位的研究，既考察行政法产生、发展的历史演变过程，又要研究现行行政法治的实践；既要比较世界各国各种不同的行政法制度，又要探究我国行政法的本质特征、理论基础、价值取向等理论；既要归纳总结行政法的一般原理，又要分类剖析特殊行政法的基本内容；既要对行政法进行静态分析，又要对行政法进行动态研究。详尽考察行政法产生、发展的历史演变过程的是行政法制史，系统比较各种不同行政法制度的是比较行政法学，深入探究行政法的本质、理论基础、价值取向等理论的是行政法哲学，归纳总结行政法的一般原理的是行政法学总论，分类剖析特殊行政法基本内容的是部门行政法学，对行政法进行静态分析的主要是行政实体法学，对行政法进行动态研究的主要是行政程序法学和行政诉讼法学。行政法学体系正是由行政法制史、比较行政法学、行政法哲学、行政法总论、部门行政法学、行政实体法学、行政程序法学、行政诉讼法学等有机组成的系统化的部门法学体系。

由于行政法学体系中分支学科众多，本书主要研究归纳总结行政法一般原理的行政法学总论。作为研究行政法的科学，其研究的是行政法现象，而绝不仅仅为行政法。如前所述，行政法是一系列行政法律规范的总称，而行政法学并不仅是对这些规范的分类、整理和解释，还要对行政法治实践进行研究，当然也要涉及行政法历史发展、与其他相近学科的关系等内容。换句话说，行政法学不仅要诠释现行行政法规范，更重要的是要通过实然行政法规范揭示应然行政法规范。这也正是本书书名坚持用“中国行政法学”而不是简单表述为“中国行政法”的主要缘由。

（二）行政法学（总论）学科体系

由于世界各国社会物质生活条件的巨大差异，各国行政法律制度不尽相同，其行政法学体系自然也各不相同。在我国，行政法学应以什么样的内容结构来形成其学科体系，学术界尚存争议。但基本认同行政法学体系应该包括总论和分论，其中总论包括行政法概述、行政法主体、行政行为、行政法制监督与救济等内容，而分论就是我们常说的部门行政法学。[1] 姜明安教授认为行政法学内容具体包括：第一，行政法的产生、发展及其规律；第二，行政法的价值与功能；第三，行政法的内容与形式。主要包括：（1）行政组织法的规范与制度，主要有调整行政组织和职能的狭义行政组织法，调整行政机构和编制的行政编制法，调整行政工作人员任用和管理的公务员法，调整行政设施、国有资产等公物的公物法等。（2）行政行为法的规范与制度，根据行政行为的内容，理论上分为行政实体法和行政程序法。根据相应规范制度所调整的行政行为的种类，分为行政立法法、行政许可法、行政征收法、行政裁决

① 罗豪才：《我国行政法制和行政法学的继承与超越》，载《法学家》2003 年第 5 期。

法、行政给付法、行政强制法、行政处罚法等；根据相应规范制度所调整的行政行为的管理领域，分为国防、外交、公安、司法行政、民政、工商、税务、交通、科技、教育、文化、卫生、体育、经济管理行政法等。（3）行政监督与救济法的规范制度，主要包括：行政法制监督制度（含行政监察法）、行政申诉、控告与检举法、行政复议法、行政赔偿与补偿法、行政诉讼法等。第四，行政法律关系，经行政法调整的行政关系即为行政法律关系。主要研究行政法律关系主体、客体、内容及其发生、变更与消灭等。第五，行政法的理论基础，诸如平衡论、控权论、服务论等。[①]

应当说，将行政法学划分为总论与分论，较为符合行政法学的特性，但将总论部分的内容以行政学的思路进行编排有待深入探究。[②] 行政法学作为一门非常重要的法学学科，其学科体系首先应当符合一般法学学科体系的结构要求。纵观研究民法的民法学、研究刑法的刑法学等法学学科的体系架构，无不是循着各自所调整的特定社会关系而展开，因而研究行政法的行政法学也没有理由在体系安排上别出心裁地自立门户。其次，行政法学作为研究行政法的部门法学科，其体系安排自然应当围绕行政法的本质或核心展开。罗豪才教授明确指出："对于行政法学体系的结构安排，应该从对行政法本质特征的认识入手。"[③] 那么，对于行政法本质的认识，客观地说，国内外行政法学界对这一基础性问题尚在探讨中争鸣。但至少可以确定，行政法是法，是关于行政的法。行政法是法，表明了行政法的法律属性；行政法是关于

---

① 姜明安主编：《行政法与行政诉讼法》（第3版），北京大学出版社、高等教育出版社2007年版，第31~32页。

② 罗豪才：《我国行政法制和行政法学的继承与超越》，载《法学家》2003年第5期。

③ 罗豪才：《我国行政法制和行政法学的继承与超越》，载《法学家》2003年第5期。

行政的法，表明了行政法的法律特性。根据法是调整社会关系的规范的本质特征和行政的特性，行政法必然涉及如下几对关系：公共利益与私人利益的关系、行政主体与行政相对人的关系，行政权力与行政相对人权利的关系等。当前行政法学术界，在对行政法基础理论进行广泛争鸣的过程中，基本认同将行政权与公民权之间的对立统一关系作为行政法学研究的逻辑起点和构建整个行政法学体系的基础。①

循着这一逻辑起点，笔者认为，行政法学总论大致包括如下内容：第一章，行政法学概述，着重剖析公共行政、行政关系等行政法基本概念及其调整对象。第二章，行政法（学）的历史发展，着重介绍西方法治发达国家和我国近百年尤其是改革开放30多年来行政法及其学术研究的发展历程。第三章，行政法律关系，系统研究行政主体、行政相对人（含行政第三人）、行政法治监督主体等行政法律关系主体，行政行为、行政相对人行为、行政法治监督行为等行政法律关系客体，行政权、行政相对人权利、行政法治监督权等行政法律关系内容。第四章，行政法的基本原则，着重探讨行政法基本原则的确定标准以及行政法治原则的内涵。第五章，行政权，在概述行政权力的基础上，对行政立法权，行政检查权、行政许可权、行政确认权、行政奖励权、行政给付权、行政征收权、行政处罚权、行政强制权等较为典型的行政执法权，以及行政裁决权、行政复议权等行政司法权进行详尽介绍。第六章，行政相对人权利，在概述行政相对人权利的基础上，对行政参与权、行政保护权、行政救济权等较为典型的行政相对人权利进行探讨。第七章，行政法治监督权，在概述行政法治监督权的基础上，对权力机关的行政法治监督权，司法机关的检察建议权、法律监督权、司法建议权、司法审查权，行政机关的行政监察权、审计权等进行探讨。第

① 罗豪才：《我国行政法制和行政法学的继承与超越》，载《法学家》2003年第5期。

八章，行政责任，在概述行政责任的基础上，分别介绍行政主体、行政法治监督主体的行政责任和行政相对人的法律责任。这样的体系安排构成了本书区别于一般教科书的最大特色。

（三）行政法学与其他相近学科的关系

在法学领域内，行政法学与宪法学的关系最为密切。行政法学与宪法学的关系比较特殊，概括起来主要有：（1）研究对象密不可分。行政法是宪法的一部分，是动态的宪法。[①] 行政法是宪法原则的具体化，是执行宪法的部门法。[②] （2）均属于狭义的公法范畴。（3）行政法的许多规范直接源于宪法，如有关国家行政机关的基本组织、主要职权、主要活动原则、主要管理制度以及许多单行行政法律的产生。

在法学领域外，行政法学与行政（管理）学的关系最为邻近。行政法学与行政（管理）学相互依存，相互促进。从研究对象看，一方面，行政法既是现代行政管理的依据，又是行政管理的手段，离开行政法，行政管理就难以进行；另一方面，行政法又以行政管理的存在为前提，离开行政管理，行政法就失去了存在的意义。因而，研究行政法学，有助于解决行政管理法律根据、法律手段和按科学办事与依法办事的统一的问题；研究行政（管理）学，有助于从理论与实践的结合上对行政法的各种制度、各个规范予以科学地说明和解释，并对行政法治实践发挥积极的指导作用。二者的区别主要在于：（1）归属范畴不同。前者属于法学范畴；后者属于管理学或者政治学范畴。（2）研究对象不同。前者主要以行政法为研究对象，探讨的是行政法现象；后者是以实际行政管理为研究对象，探讨的是管理技巧、管理艺术和管理方法的问题。（3）研究方法不同。前者主要是通过对法律文件和法律关系的研究来揭示

---

① 龚祥瑞：《比较宪法与行政法》法律出版社 1985 年版，第 5 页。

② 应松年、朱维究：《行政法学总论》，工人出版社 1985 年版，第 58 页。

行政法的原理原则，探求加强行政法治的途径；后者主要是通过对管理过程和管理行为的研究来揭示行政管理的原则，探求改善行政管理、提高行政效率的途径。（4）直接目的不同。前者旨在加强行政法治，完善行政法对行政管理的法律调整；后者旨在改善行政管理，提高行政效率。

第二章 行政法（学）的历史发展

一、外国行政法（学）的历史发展

（一）大陆法系国家行政法（学）的历史发展

了解大陆法系行政法学的历史发展，主要是了解法国、德国等大陆法系代表国的行政法学历史发展。迄今为止的行政法学界公认法国是大陆法系行政法的母国。法国行政法的产生，是以最高行政法院的产生为标志的。法国大革命胜利后，确立了三权分立的资产阶级政权。由于在大革命过程中曾经受到封建势力所把持的法院的百般阻挠，新政权早在1790年8月的立宪会议上就通过一项重要法律，规定“司法职能和行政职能现在和将来永远分离，法官不能以任何方式妨害行政机关的活动，也不能审理行政人员的职务活动，违者以渎职罪论”。五年后又发布命令重申：“严禁法院管辖任何行政行为，违者依法论处。”这些规定从法律上确立了公共行政活动不受普通法院司法管辖的规则，但由此形成的行政官员受理行政争议案件的“部长法官制”又显然不符合法治的原则。法国最高行政法院正是在这一背景下产生的。法国最高行政法院的前身是1799年拿破仑一世建立的国家参事院。国家参事院发展至今大体经历了三个阶段：（1）保留审判权阶段（1799～1872年），即国家参事院作为国家元首的咨询机关，就公民对行政机关的控告案件向国家元首提供建议，由国家元首最终裁断，亦即国家参事院本身没有裁决权。（2）委托审判权阶段（1872～1889年），即国家参事院开始以法国人民的名义，独立作出审判，成为事实和法律上的最高行政法院，但在权限分配上，仍然与部长裁决制并存，即除法律明确规定可以直接向行政法院起诉外，其余案件均先由部长裁决。（3）一般管辖权阶段（1889年以后），1889年在卡多案①判决中，取消此前的“部长法官制”（先向部长申诉），国家参事院对所有行政案件取得了一般管理权。此后在行政法院的组织和职权方面进行过改革，但基本制度未变。

法国行政法是富有个性的法。发展至今，法国行政法呈现出如下明显特点：（1）行政活动受独立的法律部门行政法的调整。法国行政法调整行政机关与公民相互间的关系。行政机关和公民之间的关系，凡没有法律特别规定必须适用私法之外，原则上都适用行政法，即适用行政法是原则，适用一般法（私法）是例外。（2）行政案件受独立的行政法院管辖。法国有行政法院和普通法院两个互相独立的审判系统，前者受理行政案件，后者受理刑事、民事案件。当个别案件究竟属于行政法院管辖还是普通法院管辖有争议时，由权限争议法庭裁决。（3）行政法的重要原则由行政判例产生。法国的行政诉讼不仅承认判例的法律效力，而且行政法的许多重要基本原则，如行政行为无效的理由、行政合同等，都是在行政判例中确认的，以致法国行政法学家弗德尔曾夸张地讲：“如果我们设想立法者大笔一挥，取消全部民法条文，法国将无民法存

① 卡多是法国马赛市道路与水源公司的总工程师。1889年，马赛市政府取消了该公司的总工程师职位，这样卡多就面临着失业。他向马赛市政府提出损害赔偿请求，但被市政府驳回。为此，卡多先后向法国普通法院、省政府、内政部起诉或申诉，但均未获受理。其中普通法院认为他与市政府的关系不是民法上的雇用劳动合同关系，因而不属于其受案范围；省政府认为该纠纷不属于公共工程合同关系，自己没有管辖权。最后，卡多将内政部部长告上行政法院。行政法院认为卡多与马赛市政府之间的争议属行政争议，受理了此案并作出了判决。其中在判决中明确指出：内政部部长对于不属于其权限范围内的事项不予受理是明智的，亦即部长对此确实没有管辖权。这个判决实际上宣告废止了部长法官制，行政法院对一切案件获得了初审管辖权。

在；如果他们取消全部刑法条文，法国将无刑法存在；但如果他们取消全部行政法条文，法国的行政法仍然存在，因为行政法的重要原则不在成文法中，而存在于判例之中。”[①]（4）行政法没有编成完整的法典。法典化本来是法国法的普遍特征，但行政法是一个例外，判例构成其主要法律渊源。法国迄今仅有为数不多的几部成文的行政法，典型成文法如1959年的《法国公务员总章程》、1945年的《最高行政法院组织法令》等。现在看来，将经年累月形成的行政判例编纂成一部行政法典已几无可能，即便单就某一类行政事务制定一部系统法典已经很难，而要形成能适用于所有行政活动的行政法总法典更是艰难。

法国不仅是行政法的母国，也是行政法学的发源地。行政法学作为一门学科，首先是以法国的行政法为基础得以发展并形成相应的理论特色。早在19世纪初，随着行政审判的展开，学者们就开始研究行政判例，大学也开始开设行政法讲座，如1819年巴黎大学法学院就开设了行政法讲座。19世纪70年代，行政法学著作开始涌现，这一时期的行政法学著作以公共权力观念[②]作为行政法学体系的理论基础，如奥科的《行政法讲义》3册、E. 拉弗里耶尔的《行政审判论》2册、迪克洛克的《行政法论》7册等。尤其是担任过最高行政法院政府专员和副院长的E. 拉弗里耶尔，对法国行政审判的分析极其中肯。[③] 20世纪以来，法国的行政法学更加成熟。H. 贝泰勒米的《行政法论》继续发挥公共权力观念，1933年

---

① ［法］弗德尔：《行政法》（1984年法文版），第107页。转引自王名扬：《法国行政法》，中国政法大学出版社1988年版，第22页。

② 公共权力观念亦称公共权力学说，主要从形式着眼，即行政机关行使公共权力的行为是公法行为，由行政法院管辖，其他行为是私法行为，归普通法院管辖。

③ 王名扬教授在《法国行政法》一书中明确讲到，法国的经典行政法理论都是在19世纪末20世纪初根据法国最高行政法院的判决作出的。参见王名扬：《法国行政法》，中国政法大学出版社1988年版，第32页。

已经出版第13版，M. 奥里乌的《行政法大纲》1933年时已经出版第12版，以及颇具影响力的《行政法判例》3册，涵盖了其1899年到1926年对行政法院判例的分析和评论，这些分析和评论既能阐明判例的意义，又能促进判例的改进。这一时期在理论上对行政法学最有贡献的是波多尔大学的宪法学家L. 狄骥，其根据行政法院判例的发展，否认公共权力学说，创立公务学说，[①] 后来为1873年的布朗哥案件[②]所采用，成为一项正式的法律。第二次世界大战后，行政权力空前扩大，公务学说受到了一定冲击，公共利益说、新公共权力说、公共服务与公共权力相统一说等多元标准学说纷纷出现，但“公务说”至今在法国的行政法学界仍占据一定的统治地位。迄今为止，法国行政法学的内容主要涉及行政机关、公务员、行政活动、公私产管理、行政救济和行政诉讼等问题。

在德国，由于历史上长期处于分裂状态，决定了德国地方（诸侯国）行政法的发展优先于国家行政法，而真正具有当代特征的德国行政法是在19世纪下半叶开始出现的。德国行政法最早起源于15世纪以来的警察法。直至19世纪中叶，在全德国范围内，

---

① 公务学说主要是从实质着眼，所谓公务是指行政主体直接以满足公共利益为目的的一切活动，如国防、交通、教育等都是公务，这一理论的提出是行政法学理论上的创举。

② 布朗哥的女儿被纪得龙省国营烟草公司工人所开的铲车碰伤，布朗哥依据《法国民法典》的有关规定向普通法院起诉，要求国家对损害结果承担赔偿责任。普通法院受理了布朗哥的起诉，但却遭到了纪得龙省省长提出的管辖异议的抵制，他认为本案是在实施国家公务行为过程中发生的案件，普通法院无权受理，而普通法院坚持认为自己有权受理，因而案件被提交权限争议法庭裁决。1873年，权限争议法庭作出如下判决：“因国家在实施公务中雇用的人员对他人造成损害而加于国家的责任，不受在民法典中调解私人之间的原则所支配。这种责任既不是普通的责任，也不是绝对的责任，这种责任适用其独有的法律原则，它应当依公务的需要而变化。”公务学说由此在法国行政法上得以确立。

以法治原则为基础的宪政国家已经建立。1863 年，巴登建立了德国第一个高等行政法院，之后，在整个德国相继建立二级至三级独立的行政法院体系。第二次世界大战后，1949 年的《德意志联邦共和国基本法》，规定建立一个联邦行政法院；1960 年的《行政法院法》取代了以前的一切法律，并规定在各邦建立统一的行政法院制度，行政审判制度大大促进了德国行政实体法的发展；1976 年的《行政程序法》，表明德国行政法已进入到成熟阶段。

德国行政法的主要特点如下：（1）公私法二元化，行政法属于公法范畴。公私法二元化的划分，构成了整个德国行政法的前提。处理公法纠纷和私法纠纷适用不同的实体法规范，除某些例外外，公法纠纷受行政法院管辖，私法纠纷则由普通法院管辖。（2）行政法的成文法明显多于判例法，亦即成文法在德国行政法中占主导地位，这也正是德国行政法不同于法国行政法的一大特点。其中 1976 年的《行政程序法》和 1960 年的《行政法院法》，分别以近似于行政实体法典和行政诉讼法典的地位，构成了德国行政法较为完整的行政法基础。[①]（3）程序实体合一化。德国有发达而完整的行政程序法，但德国行政法中的“行政程序”绝不仅仅是单纯的行政程序，事实上还包含了大量的“行政实体”内容。易言之，德国行政法，程序与实体是合一的，甚至可以说，是行政程序并吸了行政实体。（4）行政法院非行政化。德国在普通法院之外，同样有着独立而自成体系的行政法院，行政案件由行政法院审理，普通法院无权管辖。但德国的行政法院与普通法院一样隶属于司法系统，不受行政部门干预，具有很强的司法性。

德国行政法学是从 19 世纪中叶开始发展的。1852 年，法学家加本首先阐述了国家和人民之间存在法律关系，指出公民为实现其公共权利，可以向国家请求法律救济。1884 年，萨维尼阐述了行政法的一般原则。1895 年，著名行政法学者奥托·迈耶（Otto

---

① 姜明安主编：《外国行政法教程》，法律出版社 1993 年版，第 96 页。

Mayer）出版《德国行政法》两卷本（1895~1896年），标志着德国行政法学从国家学向法学的转变，同时将德国行政法研究推向巅峰。奥托·迈耶（Otto Mayer）本人被誉为“德国行政法之父”，其提出的“比例原则”和“特别权力关系理论”影响至今。此外，汉斯·丁沃尔夫和奥·巴巧夫也是德国当代最权威的行政法学家。行政法学作为德国大学法律院系的重要课程之一，由行政法学总论、部门行政法和行政诉讼法三大块构成。德国行政法学主要研究公共行政及有关法律、行政法及学科的历史发展、公法与私法的关系、行政法与宪法的关系、有关的行政法原则、行政法渊源、行政组织及有关法规、行政行为、行政程序、国家责任等。

（二）英美法系国家行政法（学）的历史发展

早在17世纪时，英国的行政诉讼制度已经随着普通诉讼程序的发展而建立起来。20世纪20年代以前，通过“委任立法”的方式，一系列有关国家行政组织和管理活动的法律，如《地方政府法》（1888年和1894年两次）、《规章发布法》（1893年）、《公共卫生法》（1875年）、《电报法》（1869年）、《官方机密法》（1911年）、《财政部和审计署法》（1866年）在英国大量发布，此后，《财政法》、《健康服务法》、《公路法》、《移民法》、《伦敦政府法》、《政府部长法》、《行政裁判所和调查法》涌现，大量行政裁决所也遍及英国社会各个领域。

英国行政法的主要特点是：（1）委任立法（议会委托行政机关立法）大量发展。行政机关依据议会的授权制定行政管理法规的活动通常被称为委任立法，这种立法在英国历史上早已存在，19世纪末以来随着工业化进程的加快得以大幅增加。这些立法既与行政管理立法的专业性有关，也与这类立法富于变动性和试验性有关，客观上满足了英国社会规范大量全新社会问题的立法需求。（2）行政裁判所大量涌现。行政裁判所是指在一般法院以外由法律规定设立，用以解决行政上的争议以及公民相互间某些和社会政策有密切联系的争端的特别裁判机构，有时也包括某些团体根据法律规定或团体成员契约设立用以维持团体纪律的内部裁判机构在内，但其不受行政裁判所和调查法的支配。(3)“同一法院、同一法”的司法审查制度。“同一法院”，即一切争议（含行政争议）由同一法院系统——普通法院系统审理，不存在所谓的独立的行政法院系统；“同一法”，即普通法院在审理各种案件（含行政案件）时适用同一法律规则。自然公正和越权无效原则，是英国行政法最重要的司法审查原则。

在英国，行政法学的出现相对较晚，其原因除受历史和法理学的影响外，宪法学者戴西的观点影响巨大。戴西在《英宪精义》中根本否认英国存在行政法。20 世纪初，委任立法的迅速增加和行政裁判所的快速发展，促使英国学者不能再无视行政法的存在。随之出现了如罗布森的《司法行政法》、波特的《英国行政法》等讨论委任立法和行政裁判权的行政法书籍。1958 年，英国制定《行政裁判所和调查法》，进一步推动了行政法学的研究。20 世纪 70 年代，出现了韦德的《行政法》、加纳的《行政法》和史密斯的《行政行为的司法审查》等著作。英国行政法学主要研究委任立法、行政裁判、司法审查、行政责任、议会行政专员等如何控制政府权力和保护公民不受侵犯的问题。

美国行政法源于英国普通法院和普通法。王名扬教授在《美国行政法》一书中细分为三个阶段加以概括：第一阶段，从 1789 年美国宪法生效到 1886 年，美国基本适用英国普通法，尚无独立的行政法。第二阶段，从 1887 年第一个独立行政管制机构美国州际商业委员会成立到 1932 年，是美国行政法传统模式阶段。根据 1887 年《州际商业法》设立的州际商业委员会，专门管理铁路建设，制定铁路规则，处理与铁路有关的争议，享有立法、行政、司法三种权力，被誉为政府的第四部门，其成立被看做美国行政法产生的标志。此后，类似的独立管制机构大量产生，它们根据议会的授权发布了大量的规章命令，成为美国行政法的主要内容，通过司法审查控制大量涌现的独立行政管制机构成为这一阶段美国行政法的主要特征。第三阶段，1933年罗斯福新政以后，美国行政法进入迅速发展阶段。司法审查控制行政权力向行政程序立法控制行政权力转移，《联邦行政程序法》（1946年）、《联邦侵权行为赔偿法》（1946年）、《情报自由法》（1966年）、《私生活秘密法》（1974年）、《阳光下的政府法》（1976年）、《政府道德法》（1978年）等一系列极具代表性的法律，引导美国行政法朝着正当法律程序和行政权运行的公正透明方向发展。

美国行政法的主要特点是：（1）继续坚持“同一法院、同一法”的司法审查制度，同时突破英国行政法议会至上的原则，既对行政行为是否合法进行司法审查，也对议会立法是否合宪进行司法审查，而且法官裁判可以不顾议会的制定法。（2）“正当法律程序”成为控制行政权力的理论核心和制度基础，尤其是行政程序与行政公开立法独具特色。（3）独立管制机构大量存在。这一现象使得美国行政法成为与独立管制机构紧密联系着的一个概念，围绕独立管制机构形成了一系列独具特色的法律、法规。（4）联邦制在行政法体制中贯彻的尤为彻底，行政法联邦与州自成体系。联邦法包括联邦宪法、法律、条约、总统命令等，州法包括州宪法、法律、行政法规。此外，还有地方政府制定的法令。

美国行政法学研究起源于19世纪末对政治与行政分离的研究。古德诺1893年的《比较行政法》、1900年的《政治与行政》、1905年出版的《美国行政法原理》以及怀曼1903年的《支配政府官员关系的行政法原理》，标志着美国行政法学研究的开始。20世纪20年代后，大量出现的独立管制机构和其后的罗斯福新政，促使学界对行政法学予以广泛关注并将研究重点由宪法问题转向行政程序问题。1946年《联邦行政程序法》的制定加快了这种转变的发展，如盖尔霍恩的《联邦行政程序》、《行政案例和评论》（1941年）、戴维斯的《行政法论》（1958年）、贾菲的《司法控制行政行为》（1965年）、伯纳德·施瓦茨的《行政法》、盖尔·冯的《行政程序和行政法》等。美国行政法学界普遍认可行政法主要不是实体法，而是程序法的观点，因而对行政程序的研究最具特色。美国行政法学主要研究分权、权力委托、行政程序法、调查程序、制定法规程序、行政裁决程序、司法审查程序、行政赔偿责任、总统控制、国会控制、行政公开等。

我国的近邻日本，在明治维新（1868 年）后，大量引进了德国的行政法学理论，并在此基础上建立了自己的行政法学理论体系，其中第一本系统的行政法著作应首推田中二郎的《行政法教科书》，杉村敏的《全订行政法讲义》和美浓部达吉的《行政法概要》亦有很大影响。第二次世界大战后，明治宪法被 1946 年的现行宪法代替，行政法学理论发生巨大变化，其中包含了德国、美国、日本固有以及两大法系联结点上产生的新理论，诸如行政主体的支配地位、诉讼体制的混合性（既区分民事案件与行政案件，又适用民事诉讼、行政诉讼在同一法院审理的模式）等，佐木物一、织田万、雄川一郎、渡边洋三、室勤、南博方等一大批行政法学专家相继涌现。当代日本制定了大量的行政性法律，其中行政组织方面有内阁法、国家行政组织法、国家公务员法、地方自治法等，国家秩序方面有皇室典范、国籍法、公职选举法、国家赔偿法、警察法、警官职务执行法等，救济方面有日本行政不服审查法、行政案件诉讼法等。日本行政法学也主要研究行政组织、行政作用、行政救济、行政程序等内容。毋庸讳言，无论是行政法制建设，还是行政法学研究，日本行政法（学）的发展都对我国行政法（学）的产生与发展影响甚大。

二、我国行政法（学）的历史发展

（一）我国行政法的历史发展

我国在清末开始引进西方的法律制度。1908 年 8 月，清王朝颁布中国历史上第一部宪法性文件——《钦定宪法大纲》。1912 年 3 月 12 日，南京临时政府制定和公布了宪法性质的《中华民国临时约法》第 10 条明确规定：“人民对于官吏违法损害权利之行为，有陈诉于平政院之权。”1914 年北洋政府公布的《中华民国约法》也有此规定。同年，北洋政府先后公布了《平政院编制令》、《行政诉讼条例》、《平政院裁决执行条例》、《诉愿法》、《行政诉讼法》等法令，仿效德国、法国成立行政法院，正式实施行政诉讼制度。1930 年，国民政府公布《诉愿法》、1932 年公布的《行政诉讼法》、《行政法院组织法》、1933 年公布的《行政法院处务规程》、《行政诉讼费条例》等一系列法律，较之北洋政府的行政诉讼制度都有一些发展与进步。

新中国成立的最初几年，国家制定和颁布了大量行政组织方面的法律、法规，诸如《中央人民政府组织法》、《国务院组织法》、《大行政区人民政府委员会组织通则》、《省人民政府组织通则》、《市人民政府组织通则》、《地方各级人民代表大会和地方各级人民政府组织法》等。1949 年 10 月至 1956 年 12 月，颁布了 829 件行政管理方面的法律、法规，内容涵盖人事编制管理（52 件），财政、金融与税收管理（98 件），公安、民政与司法行政管理（97 件），经济建设管理（261 件），教育、科学、文化与卫生管理（149 件）等。① 1957 年以后，由于“左”的思想的影响，有法可依逐渐向有法不依、无法可依，甚至向完全不依法而只依政策、依指示办事转化，行政法制逐步被取消。行政法制真正再次受到重视，实际上是改革开放之后的事，1980 年出台的《学位条例》具有标志性意义。

1982 年的新宪法不仅规定了国家行政机关在国家机构中的地位和职权，而且还规定了行政活动的宗旨和基本原则，公民的基本政治、经济、社会权利和义务，同时也规定了作为行政法渊源的法律、法规、规章的性质和效力等诸多行政法基本内容和原则。同年制定的《民事诉讼法》（试行）第 3 条第 2 款也明确规定：“法律

① 姜明安：《行政法与行政诉讼法》（第二版），北京大学出版社、高等教育出版社 2005 年版，第 81 页。

规定由人民法院审理的行政案件，适用本法规定。”初步确立了“民告官”的诉讼制度。此外，《国务院组织法》、《地方各级人民代表大会和地方各级人民政府组织法》，特别是1986年出台的《治安管理处罚条例》等，都是新中国行政法飞速发展的历史见证。1989年4月4日，七届全国人大二次会议通过了《行政诉讼法》，正式确立了“民告官”的行政诉讼制度。行政诉讼法的制定和实施标志着我国行政法开始进入大发展时期。1990年，国务院制定了《行政复议条例》（该条例于1999年升格为《行政复议法》），建立起了行政系统内部的监督救济体制。此后，我国又相继制定了《行政监察法》、《信访条例》等，拓宽了监督的范围和途径；1993年出台的《国家公务员暂行条例》（2005年升格为《公务员法》），形成了一套公务员管理的法律制度；1994年《国家赔偿法》的出台，标志着国家法律责任制度的进一步完善；1996年颁布的《行政处罚法》，从规范行政权力及程序的角度揭开了行政程序立法的新篇章；2000年《立法法》的制定，进一步规范了行政立法，健全了国家立法制度；2003年制定的《行政许可法》，开创了我国独有的行政许可专项立法；2006年制定的《各级人民代表大会常务委员会监督法》更是历经20余年的巨大成就，为行政法制监督提供了可供操作的法律依据；2011年制定的《行政强制法》最终统一了我国的行政强制制度。我们相信，随着已经列入立法规划的行政程序法等法律的颁布，必将进一步完善我国的行政法律体系，推动行政法治的进程。

（二）我国行政法学的历史发展

我国对行政法学的研究应该说是从20世纪开始的。先是翻译欧、美、日的行政法学著作，以后陆续出版了中国学者所编写的行政法著作。北京大学钟庚言教授1920年撰写的《行政法讲义》，首先将日本的行政法著作介绍至中国。马君硕的《中国行政法总论》、管欧的《行政法各论》、林纪东的《行政法提要》，以及曾任北大教授的白鹏飞及赵琛、朱章宝、陶天南等教授都出版过行政法总论或各论的教科书，举凡现代行政法学总论的基本理论架构，都已介绍至国内，但主要是透过日本行政法学间接取法德国。特别值得一提的是，在这一时期，一批极具旧中国特色的部门行政法学著作陆续出版。赵琛著的《行政法各论》以“五权宪法”为指导，从纯粹行政、司法行政、立法行政、监察行政、考试行政五个方面展开，其中纯粹行政内容包括内务行政、外交行政、实业行政、交通行政、教育行政、财务行政、军事行政等。① 白鹏飞著的《行政法大纲》下卷各论部分包括警察行政、保育行政、法政行政、财政行政、军政行政共五章，介绍了部分行政法学的内容。② 管欧著的《行政法各论》，将部门行政法学划分为绪论与本论，在深入探讨行政法各论研究方法的同时，从内务行政、财务行政、外交行政、军事行政四个方面展开，其内务包括警察、保育两类，保育则包括国籍、户籍、交通邮电、农林工矿、商业、文教等12个行政部门法规。此分类把国家大部分行政管理囊括在“保育”之下。③ 范扬著的《警察行政法》成为同时期专门研究特定部门行政法为数不多的著作。④ 此外，陈崇基编辑的《行政法各论》（1907年版）、朱采真著的《现代行政法各论》（1929年版）、张印南著的《行政法各论》（1935年版）、林纪东著的《中国行政法各论》（中央政治学校编印）、徐仲白的《行政法各论讲义》（北平中国大学讲义1935年版）等都是旧中国专门研究部门行政法学的代表之作。⑤

新中国成立后的前几年，随着一系列行政法律、法规的陆续公

---

① 赵琛：《行政法各论》，上海法学编译社1933年版。

② 白鹏飞：《行政法大纲》，北平好望书店1935年版，全国图书馆文献缩微中心2004年缩印。

③ 管欧：《行政法各论》，商务印书馆1936年版。

④ 范扬：《警察行政法》，商务印书馆1940年版。

⑤ 参见法学教材编辑部《行政法概要》编写组：《行政法资料选编》，法律出版社1984年版，第613～614页。

布，本应当是我国行政法学发展的最好时机。然而，很少有学者专门研究行政法学。很长时期，全国几乎没有出版过一部行政法学专门著作，仅是中国人民大学出版社1956年出版过一本《行政法总则参考资料》，也几乎没有一所高等学校的法律院系开设过中国行政法学的专门课程。十一届三中全会以后，一些高校的法律院系的学者开始研究行政法学，并在本科生和研究生中开设行政法课程，主要讲授外国行政法，同时也对零散的行政法制度加以整理归纳，抽象出若干原则以讲义的形式讲授。1983年6月，由王珉灿、张尚鹜编写出版了新中国成立后的第一本行政法学教科书《行政法概要》。之后，罗豪才的《行政法学》，应松年、朱维究的《行政法学总论》，韩国章的《行政法概论》，龚祥瑞的《比较宪法与行政法》，姜明安的《行政法与行政诉讼法》，周佑勇的《行政法原论》等行政法教材和一批行政法的论文、译文的出版和发表，标志着行政法学作为一门独立的法学分支学科在我国正式建立。目前，我国行政法学正处于发展高峰时期，主要研究行政法的理论基础、基本原则、行政主体、行政行为、行政救济、行政诉讼等内容。

总之，从世界范围看，行政法的产生要远早于行政法学，而外国行政法的产生又早于中国行政法。①

① 时至今日，笔者对仅以宪政理由将“古代行政法”拒之于行政法和行政法学之外仍心有疑虑。因为这样的认知似乎更多在于受英美法系国家行政法学的主流理论——“控权论”的影响。

第三章 行政法律关系

行政法律关系是行政法学研究的基本范畴之一，在行政法理论研究中具有重要地位。认知行政法律关系，离不开两大前提条件，即行政关系与行政法律规范。前者是行政法律关系最本质的特征，后者是行政法律关系的形式特征，二者共同构成界分行政法律关系与宪法法律关系、民事法律关系、刑事法律关系、经济法律关系的基本内容。据此，行政法律关系通常是指行政关系经行政法律规范调整或确认而形成的法律关系。或者说，行政法律关系是基于行政法律规范的调整或确认而在行政关系当事人之间形成的权利义务关系。

研究行政法律关系，除了着重界分行政法律关系与其他法律关系的区分外，特别要注意认识特别权力关系在行政法律关系中的特殊地位。特别权力关系理论，产生于19世纪的德国，后传入日本，再由日本传入我国台湾地区。作为行政法学上一个内涵非常丰富的重要理论，传统特别权力关系理论的主要特点在于：排除法律保留原则和依法行政原理的适用；特别权力关系相对人基本权利受到限制；特别权力关系领域的特别规则不具备法的性质，而仅属于内部的行政规则和指令；可排除司法审查，否认特别权力关系相对人对行政上的处分有提起行政争讼的权利。不难看出在此种传统理论下，特别权力关系主体只要为了实现特别的行政目的，即可排除法治主义的适用。第二次世界大战后适应法治国建设的需要，德国、日本与我国台湾地区学者与司法实务界对传统特别权力关系理论作了修正，使其有了新的面貌。最显著的是，特别权力关系的相对人与一般国民一样享有基本权利；凡对基本权利的限制，必须有法律根据；相对人权利受侵害时，可提起行政争讼的救济。这些变化应当说已符合现代民主原则和法治精神。历经修正的特别权力关系理论，肯定了特别权力关系主要是一种特殊的行政法律关系，是基于特别原因（法律规定或本人同意等），为达成公法上的特定目的，在必要范围内，一方取得支配他方的权能，他方负有服从义务所形成的关系。特别权力关系作为一类特殊的行政法律关系，同样由特别权力关系主体、客体、内容等要素构成。在实现特别权力关系法治的进程中，应当遵循三项基本原则，即限制特权原则、符合正当程序原则和遵循法定程序原则。在解决特别权力关系领域内的争议时，应当综合运用行政申诉制度，信访制度，行政复议制度，行政裁决制度，谈判、调解及仲裁制度等代替性纠纷解决方式并根据重要性标准和正当程序标准进行司法审查。① 与德、日等国相对发达的行政法治相比，我国的行政法治建设仍处于起始阶段，还存在许多诸如学校与学生关系、监狱与罪犯关系、强制戒毒所与被戒毒人员关系、实施强制隔离时发生的医疗机构与传染病人关系、军队与军人关系、社团与会员关系等无法可依或法治不完善的领域。因此，着眼于上述关系的法治化建设，我国当前有必要改良性地引入特别权力关系理论。

与所有法律关系一样，行政法律关系同样由行政法律关系主体、行政法律关系客体、行政法律关系内容等要素构成。主体部分，主要包括行政主体及其公务员、行政相对人、行政第三人、行政法治监督主体等；内容部分，主要包括行政职权与职责、行政相对人权利与义务、行政法治监督权等；客体部分，主要包括行为客体，既有行政行为，又有行政相对人行为，还有行政法治监督行为。

---

① 具体参见李升元：《特别权力关系理论研究》，山西大学 2003 届硕士研究生学位论文。

一、行政法律关系主体

行政法律关系主体也称行政法律关系当事人，简称行政法主体，是指行政法律关系中依法享有权利并承担义务的公民或组织。任何行政法律关系主体均由两方或三方当事人构成：一方是依法代表国家行使行政权力的当事人，理论上称之为行政主体；另一方是依法承受行政权力的当事人，理论上称之为行政相对人；由于行政权力较之于行政相对人权利过于强大，在行政法律关系中事实上还有一方主体显性或者隐性地监督行政权力，这类当事人理论上称之为行政法治监督主体。此外，无论是行政主体的活动，还是行政法治监督主体的活动，一般都是通过公务员来实现的，因而公务员也附带成为行政法律关系主体探讨的内容之一。

（一）行政主体

我国的行政主体理论是在借鉴法国、德国、日本及我国台湾地区的行政主体理论的基础上建立的。但是，由于我国与这些国家及我国台湾地区的宪政背景不同，这些国家或地区主要建立在中央和地方分权（地方自治）、国家（地区）和社会分权（公务分权）基础上的行政主体理论，实际上并不完全适用于我国的实际，因而，照抄照搬这些国家及我国台湾地区的行政主体理论，显然是不恰当的。

在我国，行政主体是指依法享有国家行政权力，以自己的名义行使公共行政职能，并独立承担相应法律后果的组织。行政主体包括行政机关、法律法规授权的组织和其他公权力组织。行政主体通常具有以下特征：（1）行政主体必须是具有公共行政职能的组织，“具有公共行政职能”构成行政主体最根本的特征。（2）行政主体必须以自己的名义独立作出行政行为，“以自己的名义独立作出行政行为”构成行政主体的形式特征。（3）行政主体必须具有独立承担法律责任的能力，“独立承担法律责任”构成行政主体的重要特征。[①]

与行政主体关系极为密切的另一称谓是行政组织。行政组织是指国家按一定目的依法将若干部门有系统地组织起来的，对国家和社会事务进行组织和管理的整体。又称公共行政组织，一般有广义和狭义之分。广义的行政组织有行政机关组织、国家立法、司法机关中管理行政事务的机构、企业、事业单位以及社会团体中管理行政事务的机构；狭义的行政组织专指国家机构中的行政机关组织。[②] 实践中，有关行政组织的研究，多以狭义的行政机关组织为主，兼顾其他性质的公共组织。行政组织与行政主体的区别在于：（1）二者地位不同。行政组织不是一个严格的法律概念，一般是行政机关或行政机构的总称；[③] 而行政主体是一个规范的法学概

① 江必新：《司法解释对行政法学理论的发展》，载《中国法学》2001年第4期。

② 孟鸿志：《行政组织法通论》，中国政法大学出版社2001年版，第1~10页。

③ 在我国，“行政机关”、“行政机构”、“行政组织”的用语缺乏法律的统一界定，彼此间既有联系又有区别。通常，行政组织是行政机关或行政机构的笼统称呼，行政机关是一定行政机构的整体，是能够独立对外进行管理的基础单位，故行政机关通常具有行政主体资格。相应地，行政机构作为行政机关的内部组成部分而存在，只能代表所属的行政机关对外管理，不能独立行使职权，因此行政机构一般不具有行政主体的资格（除非法律、法规另有授权规定）。但在行政实践和学术研究中，对行政机构的认识实际上也不尽统一。有观点认为，行政机构是指各级人民政府以外的行政机关之和，如1997年8月3日国务院发布的《国务院行政机构设置和编制管理条例》将国务院下设的各部委、直属机构、办事机构统称为行政机构。有观点认为，行政机构与行政机关同义，只不过规格稍低而已。例如，人们把国务院下设的各部、各委员会称为行政机关，而把国务院自行设立的直属机构、办事机构称为行政机构。也有观点认为，行政机构是指行政机关的内部机构。国务院“三定方案”中的定机构就是取此含义。参见应松年主编：《行政法学新论》，中国方正出版社1998年版，第110页。

念，专指行政法律关系中与行政相对人相对应的一方主体。（2）二者侧重点不同。行政组织是从行政载体出发，体现其存在；而行政主体是从行政职权出发，研究其法律地位。

行政主体有职权性行政主体与授权性行政主体之分。职权性行政主体，即各级各类国家行政机关，是指根据宪法和行政机关组织法的规定，在机关依法成立时就拥有相应行政职权并同时获得行政主体资格的行政组织。职权性行政主体资格取得的特点在于：其取得资格的法律依据是宪法和有关的行政机关组织法；取得的方式有的是通过国家权力机关的决定取得（如各级人民政府），有的是通过行政机关的决定取得（如政府中的直属机构和办事机构）；取得资格的时间与该组织的成立是同时的，即行政机关依法成立之时，即为该机关取得行政主体资格之日。授权性行政主体是指根据宪法和行政机关组织法以外的单行法律、法规甚至规章的授权规定而获得行政主体资格的社会组织。授权性行政主体资格取得的特点在于：其取得资格的法律依据不是宪法和有关的行政组织法，而是行政组织法以外的单行法律、法规甚至规章；取得的方式既有法律规范直接规定的方式，如《消防法》关于相关监督机构的授权规定，也有根据法律规范由行政机关决定的方式，如《渔业法》中关于渔政监督管理机构的规定；取得资格的时间与该组织的成立可能是同时的，也可以是组织机构的成立与取得行政主体的时间是分开的，即组织机构成立在先，取得资格在后。职权性行政主体与授权性行政主体的区别主要在于，前者通常本身就是行政机关，自设立之初就根据宪法或组织法的规定获得了相应的行政职权；后者通常本身是事业单位、企业单位、社会团体等社会组织，一般在设立之后根据宪法或组织法之外的单行法律、法规甚至规章授权获得了一定的行政职权，但这种区别是相对的。在有些情况下，行政机关也可能成为授权性行政主体，如根据《行政处罚法》和《行政许可法》的相关规定，国务院或经国务院授权的省、自治区、直辖市人民政府决定设立的相对集中的行使行政处罚权和行政许可权的行政机关等。在有些情况下，部分社会组织特别是事业单位从成立之初就根据法律规定获得了相应的行政职权，但它们仍然属于授权性行政主体，如根据《银行业监督管理法》设立的银行业监督管理委员会、根据《证券法》设立的证券监督管理委员会，根据《保险法》设立的保险监督管理委员会，这些组织在性质上都是事业单位，但从设立之初就根据单行法律的授权获得了相应的行政职权，与职权性行政主体极其相似。

实践中，能够成为职权性行政主体的行政组织主要有：（1）各级人民政府，包括乡镇人民政府、县级人民政府、设区的市级人民政府、省级人民政府和中央人民政府。（2）各级人民政府工作部门，包括县级人民政府工作部门、设区的市级人民政府工作部门、省级人民政府工作部门和中央人民政府工作部门，这里特别要强调的是既有各级人民政府组成部门，也有其他行政机关，如中央层面的国家工商行政管理总局、国务院法制办公室，地方层面的海洋与渔业管理局、质量技术监督局等。（3）法律、法规或者规章授权行使行政职权的行政机关内设机构、派出机构，这是一类极其特殊的行政组织，即行政机构。因为从组织形式上讲，它们是某一行政机关的内设机构或者是派出机构，不具有完全独立的主体资格，但从法律地位上讲，这些行政机构又往往依照相关法律、法规甚至规章的授权行使一定的行政职权，因而又取得了完全独立的主体资格，如《道路交通安全法》授权公安机关道路交通管理部门，即交警队行使道路交通管理职权，《治安管理处罚法》授权公安派出所行使警告或500元以下的治安行政处罚职权，《消防法》授权公安机关消防机构行使消防管理职权，上述公安机关道路交通管理部门、公安派出所、公安机关消防机构无疑就是能够称其为行政主体的行政组织。上述类似授权，不仅在法律中有明确规定，而且在行政法规、地方性法规甚至在规章中经常出现，按照《最高人民法院关于执行〈中华人民共和国行政诉讼法〉若干问题的解释》第20条、第21条之规定，这类授权只要指向行政机关内设机构、派出机构，这些行政机构就取得了独立的法律主体资格，即行政主体资格，视作职权性行政主体。

在实践中，能够成为授权性行政主体的社会组织主要有：公用企业、金融企业、专业公司等企业单位、教学科研单位、技术单位等事业单位、人民群众团体、社会公益团体、文艺工作团体、学术研究团体、宗教团体等社会团体、居委会、村委会等群众性自治组织，等等。上述社会组织最终能否成为授权性行政主体实际上主要取决于如下两个条件：（1）该组织必须是具有管理公共事务职能的社会组织，这是其成为授权性行政主体的组织条件。（2）须经宪法和有关组织法以外的行政法律规范明确授权或经有权机关明确作出授权的决定，这是其成为授权性行政主体的法律条件，如《教育法》授权作为事业单位的公立高等学校对受教育者颁发学位证书的权力；《烟草专卖法》授权全国烟草总公司下达卷烟产量指标的行政职能；《居民委员会组织法》授权居民委员会办理本居民区的公共事务和公益事业等。此外，传统行政法学说认为，授权性行政主体的法律条件是除宪法与组织法以外的法律、行政法规、地方性法规以及民族区域自治地方的自治条例与单行条例，并不包括部门规章与政府规章，更不包括全国人大常委会发布的具有普遍约束力的决定以及国务院发布的具有普遍约束力的决定。但是，综合行政法治实践尤其是司法实践，按照《最高人民法院关于执行〈中华人民共和国行政诉讼法〉若干问题的解释》第20条、第21条之规定，规章实际上也是授权性行政主体的法律条件。在有些情况下，全国人大常委会或者国务院发布的具有普遍约束力的决定事实上也构成授权性行政主体的法律条件。例如，按照国务院机构设置，新华社是国务院直属事业单位。1996年，国务院授权新华社归口管理外国通讯社在中国境内发布经济信息，所有外国通讯社在中国境内发布经济信息都必须向新华社提出申请。2004年6月29日，根据《中华人民共和国行政许可法》，国务院总理温家宝签署《国务院对确需保留的行政审批项目设定行政许可的决定》（412号令），再次授权新华社对外国通讯社在中国境内发布新闻信息进行统一管理，明确新华社作为国家通讯社，是对外国通讯社在中国境内发布新闻信息实行统一管理的法定授权机构。根据《国务院对确需保留的行政审批项目设定行政许可的决定》，外国通讯社在中国境内发布新闻信息，应当经新华社批准，并由新华社指定的机构代理。外国通讯社不得在中国境内直接发展新闻信息用户。2006年9月10日，新华社根据国家法律、行政法规和国务院的有关规定，制定了《外国通讯社在中国境内发布新闻信息管理办法》。[①]很显然，正是国务院的授权，才使得新华社成为管理外国通讯社在中国境内发布新闻信息的授权性行政主体。

除了大众熟知的职权性行政主体（行政机关）、授权性行政主体（被授权组织）外，随着行政法治实践的深入，越来越多的其他公权力组织开始被视作行政主体。这里所说的其他公权力组织是指除行政机关、被授权组织外依法行使公共行政职能的其他组织，如消协、律协、足协、篮协等行业协会，村委会、居委会、社区等基层群众性自治组织，学校、公立医院等社会自治组织。它们构成了包括行政权力在内的国家权力回归社会的强大社会基础。根据其组织与职能特性，它们也是行政主体重要的一类，尤其是自治行政的最重要的主体。[②]

此外，与行政主体相近的还有一个行为主体的概念。行为主体是具体作出某一行为的组织，在行政法上不一定具有主体资格。行为主体主要是从实际行为的角度来定义的。而行政主体主要是从法律角度来定义的，即行政主体是享有行政法上所承认的主体资格的组织。两者在某些情况下是一致的，如行政机关和法律法规授权的组织在作出行政行为时，其行政主体和行为主体是合一的；而在另

---

① 详见新华网，http://news.xinhuanet.com/newscenter,2006－9－10。

② 姜明安主编：《行政法与行政诉讼法》（第五版），北京大学出版社、高等教育出版社2011年版，第119～120页。

一些情况下，两者则出现分离现象，如受委托的组织就属于这种情况。

受委托的组织简称受托组织，一般是指依法接受有权机关的委托，以该机关的名义行使相应行政权力的组织。相较于被授权组织的严格条件，受托组织的条件相对较为宽松。根据《行政处罚法》第19条的规定，具备下列四个条件即可成为受托组织：（1）该组织是依法成立的管理公共事务的事业组织；（2）该组织具有熟悉有关法律、法规、规章和业务的工作人员；（3）该组织具有实施或组织办理受委托公共事务的条件；（4）经有权机关依法明确委托并接受委托。从委托机关的角度看，大部分行政机关似乎都可以成为委托机关，但被授权组织一般不能成为委托机关。一般来说，往往是行政机关行使某项职权确有实际困难，该项职权又是有关群众性、社会性的行政管理事务，同时委托不至于可能损害国家利益。从受托组织的角度看，受托组织其实并不仅仅局限于社会组织，还可能是行政机关，如《行政许可法》第24条规定，行政机关在其法定职权范围内，依照法律、法规、规章的规定，可以委托其他行政机关实施行政许可。从委托的方式看，有的通过法律规范的方式委托，有的通过普遍性决定的方式委托，有的甚至通过个别行政决定的方式委托。在行政法上，受托组织通常并不具备行政法上的行政主体资格，它们要接受委托组织的监督，在行政诉讼中受托组织通常不具有行政诉讼被告人资格。①

（二）行政相对人

行政相对人概念的含义和使用各国并不统一。德国行政法既有

---

① 值得注意的是，根据《最高人民法院关于执行〈中华人民共和国行政诉讼法〉若干问题的解释》第20条第3款、第21条的规定，传统视规章授权为委托的理论已被突破，开始将规章授权视为授权组织而非受托组织。

“相对人”（the concerned person）的概念，也有“第三人”的概念；[①] 而美国行政法没有“相对人”这一概念，但有“私方当事人”（A private party）和“间接利害关系人”之说。[②] 德国行政法上的“第三人”、美国行政法上的“间接利害关系人”被笼统称为“法律上有利害关系的公民、法人或者其他组织”。[③] 在我国，行政相对人与行政主体一样，是行政法学上的概念，而非制定法上的概念。在制定法上，行政相对人一般称为“公民、法人或者其他组织”。因此，我国行政法学有必要借鉴大陆法系国家的相对人理论，创设行政相对人概念。

行政相对人，又称行政相对方，通常是指在行政法律关系中与行政主体相对应，并享有权利或履行义务的公民、法人和其他组织。例如，在税收征管关系中，税务机关是行政主体，而纳税人就是行政相对人；在工商管理关系中，工商机关就是行政主体，而作为工商管理对象的企业、个体工商户及其他经营主体就是行政相对人。准确把握行政相对人的概念，还应当了解行政相对人的下列含义：（1）行政相对人是对公民、法人或者其他组织在行政法律关系中的身份认定。在行政法律关系中，公民、法人或者其他组织不再是一般意义上的“私方当事人”，而是受到行政法律规范调整的一方当事人。（2）行政相对人是行政法律关系主体之一。在行政法律关系中，行政主体是行政法律关系主体，监督主体也是行政法律关系主体。除此之外，行政法律关系主体还包括行政相对人，行政相对人是行政法律关系的重要主体之一。（3）行政相对人是不

---

① 参见《联邦德国行政手续法》（1979 年）第 13 条、《联邦德国行政程序法》（1998 年）第 13 条第 2 款。

② 参见 *The Legal Foundation of Public Administration*，1981 年英文版，转引自胡建淼：《行政法学》，法律出版社 2003 年版，第 129 页。

③ 参见《行政诉讼法》第 2 条、《最高人民法院关于执行〈中华人民共和国行政诉讼法〉若干问题的解释》第 13 条。

行使任何国家权力的一方当事人。在行政法律关系中，既有行政主体，又有行政相对人，有时还存在监督主体。监督主体通过行使法律赋予的国家权力监督行政主体，而行政相对人往往是既不行使行政权力，也不行使立法权、司法权等其他国家权力的公民、法人或者其他组织一方。（4）行政相对人是与行政主体发生权利义务关系的公民、法人或者其他组织。在行政法律关系中，行政相对人不是单纯的被管理者，而是具有一定权利与义务行政法律关系主体。有许多行政法律关系的发生，就是由于行政相对人积极主张权利的结果，如行政相对人申请行政许可，请求发放抚恤金，提起行政复议等。

理解行政相对人概念，还需要明确行政相对人资格问题，即公民、法人或者其他组织具备哪些法律资格，在何种情况下能成为行政相对人。一般而言，同公民、法人或者其他组织只有具有民事权利能力和民事行为能力才可能成为民事主体一样，公民、法人或者其他组织只有具有行政法上的权利能力和行为能力才可能成为行政相对人。（1）行政法上的权利能力。指法律赋予公民、法人或者其他组织享有行政法上的权利和承担行政法上义务的资格。由于行政法律关系自身的特殊性和理论研究的不足，对行政法上的权利能力进行统一规定确实不易。但借鉴民法理论，可分为两种情况：其一是一般权利能力，对于公民，始于出生，终于死亡；对于组织，始于成立，终于消灭。其二是特殊权利能力，要由单行法律、法规和规章根据不同情况，针对不同的公民、法人或者其他组织，作出特殊的规定，如纳税人必须是具有应税收入和财产的公民，作为行政相对人的事业单位法人须具有获得国家行政拨款的权利能力等。（2）行政法上的行为能力。指行政相对人以自己的行为行使行政法上的权利、履行行政法上的义务，并对自己的行为承担法律后果的资格。与民事行为能力相比较，行政法上的行为能力对公民、法人或者其他组织的要求更高，如未满 14 周岁的人和精神病患者就不能成为行政处罚法律关系中的相对人。

根据行政相对人的概念，行政相对人的范围主要包括公民、法人和其他组织。（1）公民。公民是行政法律关系中最主要、最经常、最广泛的行政相对人。严格地讲，公民是指具有某国国籍的自然人，与外国人和无国籍人相对应。在现代社会，广义上所使用的公民通常也涵盖外国人和无国籍的人，基本等同于自然人的意义。公民从摇篮到坟墓，基本上都要跟作为行政主体的行政机关发生各种各样的关系，这时的身份通常就是行政相对人。即便是外国人和无国籍的人，只要与我国发生管辖关系，都可能成为我国行政法律关系中的行政相对人，如出入境管理、治安管理、个人所得税征收等。（2）法人。法人是与自然人相对应的一个法律概念。法人不仅可以是民事法律关系的主体，同时也可以构成行政法律关系的主体，成为行政法律关系中的行政相对人。企业法人、事业法人和社团法人作为行政管理相对一方与有关行政主体之间存在相对应的各项权利和义务，归纳起来，主要表现为以下几个方面：一是在组织成立和法人资格取得方面，与批准登记机关之间所形成的权利义务关系，如企业法人与其主管机关和工商机关之间以及社会团体与民政机关之间的权利义务关系。二是在其业务活动过程中与相应管理职能机关之间所形成的权利义务关系，如与工商机关、税务机关、物价机关等。三是因某些或某个特别事项与相关职能部门之间所形成的权利义务关系，如因建办公楼与土地、规划、城建等机关之间形成的权利义务关系。四是行使监督权利和行政救济权利与相应的行政机关之间形成的权利义务关系。机关法人是指具备法人资格条件的国家机关。由于机关法人的组织状态和法律地位，使得国家机关在一定条件下，也可以成为行政法律关系中的行政相对人，如国家机关可以成为审计、物价、土地、城建等行政领域内的行政相对人。（3）其他组织。其他组织也称为“非法人组织”、“非法人单位”。行政法上的“其他组织”是指经由主管机关批准成立或认可能够从事一定的经营、生产或其他活动但不具备法人资格的社会组织或经济组织。其他组织主要有以下几种类型：一是经国家主管部门批准或认可的从事一定生产或经营活动的经济实体。主要有个人合伙组织、合伙型联营组织、企业法人的分支机构、不具备法人资格的乡镇企业。二是经一定主管机关批准或认可的处于筹备阶段的企业、事业单位和社会团体。三是经有关部门批准，某些外国组织在我国设立的经营一定业务或从事一定社会活动的组织。其他组织作为行政法上的权利义务主体也是行政法律关系中的相对人。

“公民、法人或者其他组织”只是对行政相对人的一个笼统概括。要深入把握行政相对人内涵及其在行政法学中的重要地位，必须对行政相对人进行类分。依据不同的标准，对行政相对人可以作以下分类：（1）依行政相对人是否有一定的组织体为标准，可以将其分为个人行政相对人和组织行政相对人。个人行政相对人是以自然人形态存在的、没有组织体的行政相对人，包括一人（单个自然人）和多人（两个或两个以上的自然人）两种情况。组织行政相对人是以组织体形态存在的行政相对人，包括法人和其他组织两种情况。这一类分在行政诉讼实践中有着特殊意义。（2）依行政相对人与行政主体在行政法律关系中的地位为标准，可以将行政相对人分为权利行政相对人和义务行政相对人。权利行政相对人是行政行为的实施将对其权益产生积极影响，因而向行政主体主张权利并要求行政主体履行其相应义务的行政相对人，如受到行政奖励、行政救助、行政保护、行政指导、行政许可的行政相对人；义务行政相对人是行政行为的实施将对其权益产生不利影响、并受行政主体权力约束依法履行一定义务的行政相对人，如行政征收、行政命令、行政处罚、行政强制中的行政相对人。这一类分对科学认识行政行为具有特殊意义。（3）依行政相对人的权益受行政行为的影响是否直接为标准，可将行政相对人分为直接行政相对人和间接行政相对人。直接行政相对人是行政主体行政行为的直接作用对象，其权益受到行政行为的直接影响，如行政许可、行政处罚的申请人和被处罚人；间接相对人是行政主体行政行为的间接作用对象，其权益受到行政行为的间接影响，如治安处罚关系中受到被处罚人行为侵害的被害人。我国现行行政法学主要研究直接行政相对人，对间接行政相对人的研究较少。[1]（4）依行政法律关系的性质为标准，可将行政相对人分为内部行政相对人和外部行政相对人。内部行政相对人是指内部行政法律关系中的行政相对人，主要指公务员和行政系统内部具有隶属关系的行政组织；外部行政相对人是指外部行政法律关系中的行政相对人，通常是指一般的公民、法人和其他组织。（5）依行政法律效果为标准，可将行政相对人分为抽象行政相对人和具体行政相对人。抽象行政相对人是行政行为对其权益尚未产生实际影响而仅仅具有潜在影响的行政相对人，如抽象行政行为中的行政相对人；具体行政相对人是行政行为对其权益产生实际影响的行政相对人，如具体行政行为中的行政相对人。此外，行政相对人也可分为作为行为的行政相对人和不作为行为的行政相对人、授益行政相对人和侵益行政相对人、国内行政相对人和国外行政相对人等。

（三）行政第三人

行政第三人是行政法律关系中与行政主体和行政相对人相区分的第三方主体。从世界范围看，自20世纪60年代起，对行政第三人的研究及权利保护已经展开。在德国、日本等国家，将其称为“第三人”、“有利害关系者”。例如，《联邦德国行政程序法》（1998年5月1日颁布文本）第13条第2款规定：“程序结果对第三人有影响的，应其请示亦应通知其作为参与人。”[2]《日本行政程序法》规定，对于不利益处分的听证，听证主持人在认为必要时，“对当事人以外之人，依该不利益处分所依据之法令认为与该不利

① 近年出版的教科书多将间接行政相对人表述为“行政第三人”。参见应松年主编：《当代中国行政法》，中国方正出版社2005年版，第145页；周佑勇著：《行政法原论》（第二版），中国方正出版社2005年版，第34页。

② ［德］平特纳：《德国普通行政法》，朱林译，中国政法大学出版社1999年版，第54页。

益处分有利害关系者，得要求其参加该听证程序或许可其参加该听证之相关程序”。[①] 在美国，则多称为“间接利害关系人”。[②] 在我国，严格来说，并没有行政相对人与行政第三人之分，[③] 目前，仍笼统称为“法律上利害关系的公民、法人或其他组织”。[④]

行政第三人是指与已作出行政行为有间接利害关系，潜在地存在于行政法律关系的公民、法人或其他组织。主要特征有：(1) 具有独立的权利主体资格，是行政法律关系中不同于行政主体、行政相对人的潜在的行政法律关系主体。(2) 与已作出的行政行为有间接的利害关系。这种“间接的利害关系”，主要是指行政主体在作出行政行为时，主观上并未指向行政第三人的目的，但客观上影响到行政第三人的利益。(3) 依法律规定而产生。[⑤] 在实践中，行政第三人往往以民事、行政或其他法律关系为中介，从而与一定的行政主体间接地依法形成了行政法上的权利义务关系。换句话说，第三人间接的利害关系（反射利益）要通过法律（规定

---

① 应松年主编：《外国行政程序法汇编》，中国法制出版社1999年版，第446页。

② 王名扬：《美国行政法》，中国法制出版社1994年版，第425页。

③ 《最高人民法院关于执行〈中华人民共和国行政诉讼法〉若干问题的解释》第13条第2项规定，与被诉的行政复议决定有法律上利害关系或者在复议程序中被追加为第三人的公民、法人或者其他组织可以依法提起行政诉讼，这里的第三人即行政第三人。第23条第2款规定，应当追加被告而原告不同意追加的，人民法院应当通知其以第三人的身份参加诉讼。第24条第1款规定，行政机关的同一具体行政行为涉及两个以上利害关系人，其中一部分利害关系人对具体行政行为不服提起诉讼，人民法院应当通知没有起诉的其他利害关系人作为第三人参加诉讼。这里的第三人实际上是行政诉讼第三人，不是行政第三人。

④ 周佑勇、何渊：《论行政第三人》，载《湘潭工学院学报（社会科学版）》2001年第2期。

⑤ 赵肖筠、沈国琴：《论行政法律关系第三人》，载《理论探索》2001年第2期。

第三人权利）才能转化为法律保护利益。

行政第三人与行政相对人、行政诉讼第三人既有联系，又有区别。行政第三人与行政相对人相比，两者都受到行政行为的作用，与行政主体形成了行政法上的权利义务关系。区别在于：(1) 从实质特征看，前者与行政行为有间接的利害关系，而后者与行政行为有直接的利害关系；(2) 从形式特征看，前者是潜在的行政法律关系主体（不能从行政行为中直接找到），而后者是明确的行政法律关系主体（能够从行政行为中直接找到），前者的存在是以后者为前提的。行政第三人与行政诉讼第三人相比，都与已作出的行政行为有利害关系，区别在于：(1) 所属范畴不同。行政第三人是公民、法人或其他组织在行政法律关系中的表现形式，是一个行政法（主要存在于行政实体法中）的概念，而行政诉讼第三人是行政主体和公民、法人或其他组织在行政诉讼法律关系中的表现形式，是一个行政诉讼法上的概念。(2) 范围不同。行政第三人仅只局限于与行政行为有法律上利害关系的公民、法人或其他组织，而行政诉讼第三人既可能是行政主体，也可能是行政相对人，还可能就是名副其实的行政第三人。(3) 与行政行为的关系不同。行政第三人与已作出的行政行为是确定的间接利害关系，而行政诉讼第三人与已作出的行政行为既可能是间接利害关系，也可能是直接利害关系，如行政裁决中未提出诉求的另一方相对人就是直接的利害关系。(4) 地位不同。行政第三人在行政诉讼法律关系中，可能是以原告身份存在，如《最高人民法院关于执行〈中华人民共和国行政诉讼法〉若干问题的解释》第 12 条规定："与具体行政行为有法律上利害关系的公民、法人或者其他组织对该行为不服的，可以依法提起行政诉讼。"其中与具体行政行为有法律上利害关系的公民、法人或其他组织就包括了行政第三人；也可以以行政诉讼第三人的身份存在，通过申请或法院通知的方式参加到行政诉讼中；而行政诉讼第三人在行政法律关系中，既可能是以行政相对人身份存在（如行政裁决与确认中的相对人），也可能是以行政第三人的身份存在。

在行政法律关系中，行政第三人的法律地位可从两个方面分析：(1) 处于与行政相对人一样的被管理（包含服务）地位，其权利义务与行政相对人相近；(2) 处于与行政主体相一致的管理地位，如与行政机关共同作出行政行为的非行政机关组织或与其职责无关的行政组织以及受托组织，其权利义务是依委托行使权利与义务，与行政主体相近。研究行政第三人理论，对于完善行政法律关系理论，促进行政法学学科建设具有重要的理论意义，对于更好地维护公民、法人和其他组织的合法权益，积极推进行政法治建设具有重大的实践意义。

(四) 行政法治监督主体

行政法治监督主体不是制定法上的一个概念，而是行政法学中的一个概念。学者在使用这一概念时，习惯上用行政法制监督主体，但正如从“法制”到“法治”的进步一样，行政法制监督主体也应当向行政法治监督主体进化。

行政法治监督主体，简单地说，就是指在行政法律关系中对行政主体及其公务员行使行政职权依法进行监督的组织和公民。内涵有三：(1) 行政法治监督主体存在于行政法律关系之中，脱离行政法律关系不能称其为行政法治监督主体。(2) 发挥监督行政主体及其公务员依法行使行政职权的作用，亦即监督行政相对人行为或行政机关非行使行政职权行为不属于行政法治监督主体的职能。(3) 行政法治监督主体既有组织，又有公民，一般以组织为主。行政法治监督主体通常表现为权力机关、司法机关、行政机关以及国家机关之外的社会组织、公民。

根据监督行为有无国家强制力，行政法治监督主体通常可分为国家机关行政法治监督主体和非国家机关行政法治监督主体。国家机关作为行政法治监督主体，能对监督对象采取直接产生法律效力的监督措施，如罢免责任人，撤销违法行政行为等；非国家机关，即国家机关系统外的组织、公民作为行政法治监督主体，一般不能对监督对象作出直接产生法律效力的监督行为，而只能通过批评、建议、申诉、控告、检举（举报）、信访、复议、诉讼等方式向有权国家机关反映，或通过舆论揭露、曝光，引起有权国家机关注意，从而使之采取能产生直接法律效力的措施以实现监督目的。

国家机关行政法治监督主体包括权力机关、司法机关、行政机关等。在我国，权力机关指各级人民代表大会及其常务委员会，包括：全国人大及其常务委员会，省、直辖市人大及其常务委员会，设区的市的人大及其常务委员会，县、市、市辖区的人大及其常务委员会，乡、民族乡、镇的人民代表大会，民族自治地方的自治区、自治州、自治县的人大及其常务委员会，经济特区的人大及其常务委员会，它们是行政法治监督主体中最重要的主体。香港特别行政区、澳门特别行政区产生全国人大代表，参加全国人大的工作，但一般不设专门的人民代表大会及其常务委员会。司法机关包括各级人民法院和各级人民检察院，各级人民法院，即最高人民法院、高级人民法院、中级人民法院、基层人民法院以及军事法院等专门人民法院；各级人民检察院，即最高人民检察院，省、自治区、直辖市人民检察院及分院，自治州、省辖市人民检察院，县、市、自治县和市辖区人民检察院，省级人民检察院和县级人民检察院根据工作需要在工矿区、农垦区、林区等区域经批准设立的人民检察院等。行政机关作为行政法治监督主体主要分为层级行政法治监督机关和专门行政法治监督机关。层级行政法治监督机关包括监督地方各级人民政府的国务院、监督下级行政机关及其派出机构的上级行政机关、监督各工作部门及其派出机构的本级人民政府、监督被授权组织的业务指导机关、监督受托组织的委托机关等；专门行政法治监督机关包括各级行政监察机关、审计部门以及国家预防腐败局等。

非国家机关行政法治监督主体包括：（1）各级中国共产党组织，主要是党的组织部门、纪律检查委员会等，一般通过党内监督、党组织建议等方式行使行政法治监督职能。（2）各级人民政治协商会议委员会，作为爱国统一战线组织行使民主监督职能。(3) 各类社会团体，如工会、妇联、共青团、群众性自治组织、行业协会、工商联、青联、残联等，作为社会团体行使社会监督职能。(4) 包括公民在内的社会大众，行使社会舆论监督（含公民监督）职能。(5) 新闻媒体，如报刊、广播、电视、互联网等大众传媒，行使媒体监督职能。

（五）公务员

我国《公务员法》第2条规定："本法所称公务员，是指依法履行公职、纳入国家行政编制、由国家财政负担工资福利的工作人员。"按照这一表述，下列七类机关中除工勤人员以外的工作人员都属于公务员：中国共产党各级机关、各级人民代表大会及其常务委员会机关、各级行政机关、中国人民政治协商会议各级委员会机关、各级审判机关、各级检察机关、各民主党派和工商联的各级机关。行政法学研究公务员，主要是研究公务员在何种情况下作为行政主体或行政法治监督主体的代表执行公务，至于公务员自身的义务与权利，往往不是行政法学关注的重点。

在法律上，公务员一般具有双重身份：(1) 普通公民；(2) 公务员，与所属行政主体或行政法治监督主体形成行政职务关系。在行政法律关系中，公务员实际上也有双重身份：(1) 内部行政相对人；(2) 行政主体或行政法治监督主体的代表，代表行政主体或行政法治监督主体执行公务，以行政主体或行政法治监督主体的名义与行政相对人或行政主体发生行政法律关系。

在实践中，确定（区分）公务员是行政主体或行政法治监督主体代表身份还是公民身份的直接规则是：行为决定身份而不是身份决定行为，即行为是否是行政行为或行政法治监督行为。在具体认定上，一般综合考虑如下要素：(1) 职权要素，即公务员行为是否属于职权管辖范围，如税务部门的公务员管税收，工商部门的公务员管工商登记等；(2) 公务标志要素，公务标志是用来表明公务员身份或用于执行公务的器具的外部标志，最常见的即着工作制服、使用公务车等；（3）名义要素，公务员以其所属的行政主体或行政法治监督主体的名义实施行为，最常见的即出示工作证等；（4）时间要素，即是否是上班时间；（5）地点要素，即是否在工作场所，等等。

公务员作为行政主体抑或行政法治监督主体的代表，根源于行政职务关系。行政职务关系特指公务员基于一定的行政职务而在任职期间与行政主体、行政法治监督主体之间形成的权利义务关系。这种行政职务关系在本质上是一种国家委托关系，在性质上具有劳动关系因素且属于与行政主体、行政法治监督主体之间形成的内部行政法律关系，在内容上是行政职务方面的权利与义务。在行政职务关系中，行政主体、行政法治监督主体的职权、职责、权限和优先权及于公务员，即行政主体、行政法治监督主体的职权成为公务员的职权，行政主体、行政法治监督主体的优先权同时成为公务员的当然权利，行政主体、行政法治监督主体的职责同样拘束公务员。公务员在分享行政主体、行政法治监督主体的职权、优先权和分担行政主体、行政法治监督主体的职责、权限时，行政主体、行政法治监督主体有权对分享和分担物进行“再分配”。公务员实施行政活动，必须以行政主体、行政法治监督主体的名义，按行政主体、行政法治监督主体的意志进行。为保障公务员以行政主体、行政法治监督主体的名义按其意志从事公务活动，行政主体、行政法治监督主体可以在相关法律范围内规定公务员的纪律，并实施监督权和奖惩权。

二、行政法律关系客体

在法理学中，作为法律关系主体权利与义务共同指向对象的客体，一般概括为物、行为、智力成果以及与人身有关的权益。但这一概括是针对所有法律关系特别是民事法律关系而言的。具体到行政法律关系，由于公法法律关系的特殊性，正如刑事法律关系主要以犯罪为客体一样，行政法律关系的客体主要是行为，具体包括行政行为、行政相对人行为和行政法治监督行为。[①]

(一) 行政行为

行政行为，历经众多法学家的锤炼已经成为各国行政法以及行政法学的一个概念性工具和核心范畴，以致形成诸多极富内涵的行政行为学说。然而，从行政法律关系客体的视角探讨行政行为，本书当属首次。

1. 行政行为的构成要件

作为行政主体、行政相对人、行政法治监督主体的权利（权力）与义务（职责）共同指向的对象之一，行政行为通常是指行政主体运用行政权所作的法律行为。这一概念表述通常应包含下列三个要素：(1) 主体要素，即行政行为的主体是行政主体。如前所述，行政行为的实施主体既可能是作为行政主体的行政机关或被授权组织，也可能是作为行为主体的受托组织，但即便是作为行为主体的受托组织，其受托实施的行为最终依然归属于作为委托机关的行政主体。因此，从最终归属讲，行政行为的主体始终是行政主体。(2) 权力要素，即行政行为的内容是行使行政权力。行使行政权力，构成行政行为最本质的特征，也是行政行为与行政法治监督行为的根本区别所在。这里特别要强调的是，行政主体运用或行使行政权力而不仅仅是具有行政权力，因为具有行政权力是静态的，运用或行使行政权力才是动态的，才与行政主体的内涵相吻合。(3) 法律要素，即行政行为是行政主体依法作出的产生法律效果的行为。行政主体依法作出的产生法律效果的行为，亦即具有行政法意义或受到行政法评价的行为，这是行政行为的法律特征。在这一意义上，行政行为亦可表述为行政法律行为，包括合法行政行为、违法行政行为、非法行政行为等，但一般不包括与行政法律

---

① 介于行政法律关系本身的复杂性以及研究现状，尚不能简单断言行政法律关系的客体仅只是行为，全然没有物、智力成果以及与人身有关的权益，但明言行为是行政法律关系的主要客体，应该是不争的事实。

行为形成对应关系的行政事实行为。[①]

2．行政行为的分类

根据不同的标准，行政行为形成不同的分类。常见的行政行为分类有：

根据行政行为的对象是否特定，行政行为有抽象行政行为和具体行政行为之分。区分抽象行政行为和具体行政行为的关键在于判断行为对象是否具有确定性和行政行为是否具有反复适用性两个方面。抽象行政行为通常是指行政主体制定和发布具有普遍约束力的规范性文件的行政行为。特征一般表现为：行为具有普遍约束力；针对不特定的对象；能够反复适用。形式表现为：制定行政法规和规章、提出法律议案、编制规划和计划、制定行政措施、发布具有普遍约束力的决定和命令，其中行政立法和制定其他行政规范性文件是主要形式。具体行政行为是指行政主体针对特定对象作出的一次性行政行为。特征表现为：行为直接影响公民、法人或其他组织的权利义务；针对特定对象；一次性发生。在我国行政法治实践中，具体行政行为已经成为一个最基本的法律术语。不但《行政复议法》、《行政诉讼法》等行政法律明确规定了具体行政行为，而且《最高人民法院关于规范行政案件案由的通知》（法发〔2004〕2号）更是将具体行政行为的种类进一步细化为下列27

---

① 多数研究认为，行政事实行为是行政主体基于行政职权实施的对行政相对人不直接具有法律约束力的行为，有补充性行政事实行为（如工商部门销毁收缴的假冒伪劣商品）、即时性行政事实行为（如临时性交通管制）、建议性行政事实行为（如境外旅游的风险预警）、服务性行政事实行为（如完善交通标志）之分。参见姜明安主编：《行政法与行政诉讼法》（第五版），北京大学出版社、高等教育出版社2011年版，第329～332页。但是，客观地说，根据行政法治的原理，只要是行政主体基于行政职权实施的行为，就必然会产生法律效果，因而本质上仍然是行政法律行为，只不过这种行为往往对行政相对人不直接产生法律约束力而已。因此，随着行政法治的深入，所谓的行政事实行为，实际上是在不断限缩而不是扩张。

种：行政处罚、行政强制、行政裁决、行政确认、[①] 行政登记、行政许可、行政批准、行政命令、行政复议、行政撤销、行政检查、行政合同、[②] 行政奖励、行政补偿、行政执行、行政受理、行政给

① 行政确认是指行政主体（行政机关或法律、法规授权的组织）依法确认、甄别一定的法律事实的行政行为。表现形式有：鉴定、勘定（如医疗事故技术鉴定、伤残等级鉴定）、认定（如交通事故责任认定）、登记、鉴证、证明（如公证）、认证、认可等。其中认证认可，根据 2003 年 11 月 1 日施行的《认证认可条例》第 2 条的规定，认证是指由认证机构证明产品、服务、管理体系符合相关技术规范、相关技术规范的强制性要求或者标准的合格评定活动；认可是指由认可机构对认证机构、检查机构、实验室以及从事评审、审核等认证活动人员的能力和执业资格，予以承认的合格评定活动。

② 又称行政契约，是指行政主体与行政相对人双方意思一致，所缔结发生行政法上法律关系的合同。特征表现为：（1）双方当事人经由合意所产生；（2）发生行政法上之法律效果；（3）属于公法合同之一种。典型代表是政府采购合同。根据 2003 年 1 月 1 日施行的《政府采购法》第 51 ~ 58 条的规定，供应商认为采购文件、采购过程和中标、成交结果使自己的权益受到损害并对采购人或采购代理人的逾期未答复或答复不满意时，可以向相应的政府采购监督管理部门投诉；对政府采购监督管理部门的投诉处理决定不服或其逾期未作处理的，可以依法申请行政复议或者向人民法院提起行政诉讼。

付、行政征用、行政征购、[①] 行政征收、行政划拨、行政规划、[②] 行政救助、行政协助、行政允诺、[③] 行政监督、其他行政行为，同时，《最高人民法院关于执行〈中华人民共和国行政诉讼法〉若干

---

① 行政征购是指行政主体以合同的方式取得行政相对人财产所有权的一种具体行政行为。与行政征收的主要区别是：(1) 成立条件不同。行政征购实际是一种行政合同，其成立的条件是双方的合意，尽管行政相对人的意志在很大程度上受到一定的限制，但征购主体仍需与被征购方相协商；而行政征收是单方意志的体现，征收方式、征收数额等都不需征得行政相对人的同意。(2) 权利义务关系不同。在行政征购合同成立后，行政主体与相对人的权利义务是对等的，行政主体在取得相对人财产的同时必须依合同的约定承担相应的给付义务；而在行政征收中，行政主体与相对人的权利义务是不对等的，行政主体依法享有征收权，相对人依法负有缴纳义务。

② 行政规划是指行政主体为了实现特定的行政目标，而作出的对行政主体具有约束力、必须采取具体措施在未来一定期限内予以实现的、关于某一地区或某一行业之事务的部署与安排，如国民经济和社会发展五年规划、国家中长期教育改革和发展规划纲要等。

③ 行政允诺是指行政主体为实现行政管理目标，在其职权范围内依法作出的为自身设定公法上义务而使相对人获得公法上权利的单方意思表示。在民法中，同样存在允诺行为。经常见到的悬赏广告即是典型代表。行政允诺与民事允诺在行为性质单方性上存在相似之处，但在诸多方面，两者之间难以直接画上等号。(1) 行为存在的领域不同。行政允诺属于公法上的行为，是行政主体履行法定管理职责的行为；民事允诺属于私法上的行为，是民事主体实现民事权益的活动。(2) 行为目的不同。行政允诺以实现行政管理目标为最终目的，服务于公共利益；民事允诺则往往是民事主体为实现个人财产权益而主动作出，其服务于民事主体的私人利益。(3) 主体不同。行政允诺的主体是掌握行政管理权的行政机关和其他法律授权组织，民事允诺行为的作出者则是普通民事主体。(4) 争议解决途径不同。行政允诺引发的争议属于公法上的争议，通过行政诉讼途径解决；民事允诺引发的争议，通过民事诉讼途径解决。参见闫尔宝：《行政允诺行为详论》，载《山东审判》2001年第2期。

问题的解释》还提到行政指导。[①] 正因为上述具体行政行为的这一法律属性，使得抽象行政行为与具体行政行为的分类具有了很强的实践意义。

根据行政行为与法的关系，行政行为有行政立法行为、行政执法行为、行政司法行为之分。行政立法行为通常指特定主体制定行政法规、规章等法律规范的活动，是抽象行政行为的一个重要组成部分。行政执法行为通常是指行政主体执行法律、法规、规章等法律文件的行为，实践中一般与具体行政行为画等号。行政司法行为通常是指行政主体依法解决行政争议或者特定民事纠纷的活动，实践中通常表现为行政复议、行政裁决、行政调解等。除行政司法外，行政立法、行政执法在行政法治实践中已广泛使用，因而这一分类同样具有很强的实践意义，而且其体现行政行为作为行政法律关系客体属性的功能更为明显与突出。

根据行政行为的效力范围，行政行为有内部行政行为和外部行政行为之分。内部行政行为是行政主体代表国家对隶属于自身的组织、人员和财物等内部事务进行管理所实施的行政行为。内部行政行为也有抽象行政行为和具体行政行为之分，前者如行政主体对内部工作纪律、工作程序所作出的统一规定，后者如对某个公务人员实施的奖励、处分、任免决定等。外部行政行为是指行政主体对社会行政事务进行管理所实施的行政行为，同样也有抽象的外部行政行为和具体的外部行政行为之分。外部行政行为对社会上的公民、法人或其他组织产生法律效果，内部行政行为只对行政主体内部机

---

① 行政指导制度在日本尤为发达。依日本《行政手续法》第2条第6款的规定，行政指导是指行政机关在其职权或所掌事务范围内，为实现一定的行政目的，以指导、劝告、建议或其他不属于行政决定的方式，促请特定人为一定作为或不作为的行为。按照《最高人民法院关于执行〈中华人民共和国行政诉讼法〉若干问题的解释》的精神，行政指导一般不具可诉性，但名为行政指导，实则附加了行政强制力，应当可诉。

构和人员产生法律效果。根据我国《行政诉讼法》的规定，涉及公务员权利义务的内部行政行为引起的争议，一般不通过行政诉讼的方式解决，因而这一分类在诉讼实践中有较强的指导意义。

根据行政行为受法律约束的程度，行政行为有羁束行政行为与裁量行政行为之分。羁束行政行为，是指行政主体只能严格依法律、法规的明确、具体规定，没有选择余地而作出的行政行为，如税务机关只能严格按法律规定的税种、税率征税，公安机关只能严格按照法律规定的交通违法行为、罚款数额进行罚款处罚，不能任意选择等。羁束行政行为受合法性原则拘束，行政行为违反羁束规定，就构成违法行为并承担违法后果。裁量行政行为，是指行政主体在法律、法规规定的幅度或范围内，根据行政管理的具体情况选择与裁量作出的行政行为；或者法律、法规只规定了原则，授权行政主体自主行事，行政主体在符合立法目的和原则的前提下，自主采取的行政行为。前一种情况通常称作法规裁量，后一种情况通常称作自由裁量。裁量行政行为受合理性原则约束，裁量偏轻、偏重，属于不当的行政行为。

根据行政行为的启动方式，行政行为有依职权行政行为和依申请行政行为之分。依职权行政行为，是指行政主体根据其职权而无需行政相对人申请就能主动实施的行政行为，也称主动行政行为或积极行政行为。依申请行政行为，是指行政主体只有在行政相对人提出申请后才能实施的行政行为，又称被动行政行为或消极行政行为。依职权行政行为不需要行政相对人的申请这一条件就能实施，依申请行政行为只有具备相对人的申请这一条件后才能实施。行政行为的这一分类有助于分析行政行为的实施条件。

根据行政行为是否必须具备法定形式，行政行为有要式行政行为和不要式行政行为之分。要式行政行为，是指行政主体的意思表示必须具备法定方式才产生法律效果的行政行为。其中法定方式，通常是指法律、法规、规章明确规定的方式，如《行政法规制定程序条例》中规定了制定行政法规这种抽象行政行为的方式。不要式行政行为，是指法律、法规未规定行政主体意思表示的具体方式，行政主体可以自由选择适当的方式，即可发生法律效果的行政行为。不要式行政行为通常在铁路、船舶、民航等行政管理领域以及紧急、危急情况下采用。行政行为的这一分类，便于法律对不同行政行为作出不同的要求，以保障行政行为的有效性。

3. 行政行为的内容

行政行为的内容有：（1）赋予权益或免除义务，即行政主体为行政相对人赋予权益或免除其义务，如行政奖励、行政补偿的内容即表现为赋予行政相对人权益，减免税费的内容即为免除义务等。以赋予权益或免除义务为行为内容的行政行为通常被称作授益行政行为。（2）剥夺权益或设定义务，即行政主体为行政相对人设定义务或者剥夺、限制其权益，如行政处罚、行政征收、行政强制的内容即表现为剥夺权益，行政规划的内容即表现为设定义务等。以剥夺权益或设定义务为行为内容的行政行为被称作侵益行政行为、损益行政行为、不利行政行为、负担行政行为。（3）确认法律事实或法律地位。确认法律事实是指行政主体依法确认对法律关系有重大影响的事实是否存在，如交通事故责任认定、工伤鉴定等。确认法律地位是指行政主体通过行政行为确认法律关系当事人的权利义务是否存在，如房屋管理部门对房屋产权的确认、土地管理部门对土地所有权或使用权的确认等。有些情况下，一个确认行为既包括对法律事实的确认，也包括对法律地位的确认，如婚姻登记部门对婚姻关系的确认，既包括对婚姻状况这一法律事实的确认，也包括对婚姻当事人各自在婚姻关系中的权利义务即法律地位的确认。

4. 行政行为的合法要件

行政行为合法要件有：（1）行为主体合法，即要求行政行为的实施主体是行政机关、被授权组织、其他公权力组织或受委托组织。（2）行为权限合法，即要求实施行政行为的主体必须拥有相应的法定权限，具体包括：行政主体必须在自己的事务管辖权、地域管辖权和级别管辖权范围内作出行政行为，被授权的组织必须在授权范围内，受委托组织必须在委托范围内作出行政行为。（3）行为内容合法，即要求行政行为的内容合法、合理。（4）行为程序合法，即要求行政行为的实施必须符合法律规定的方式、步骤、顺序和时限的要求。（5）行为形式合法，即要求行政行为必须具备法律所要求的形式，如行政处罚必须具备处罚决定书等。

5. 行政行为的法律效力

行政行为的效力，即已经成立的行政行为所具有的法律效力，主要表现为四个方面：（1）公定力，即行政行为一经成立即具有被推定为合法并要求所有行政法主体予以尊重的法律效力。公定力实际上主要是针对行政行为本身而言的。（2）确定力，即已生效行政行为对行政主体所具有的不受任意改变的法律效力。确定力实际上主要是针对行政行为的内容而言的。（3）拘束力，即已生效行政行为具有约束和限制行政法主体行为的法律效力。拘束力实际上主要针对行政行为涉及的所有行政法主体而言的。（4）执行力，即已生效行政行为要求行政法主体对其内容予以实现的法律效力。执行力作为行政行为特有的法律效力，集中体现了行政行为本身的效率要求和公法行为属性。

在诉讼实践中，认识行政行为还必须注意区分可诉性行政行为与一般行政行为的异同。可诉性行政行为，有着区别于行政法上行政行为的显著特征：（1）可诉性行政行为的实施主体是可诉性行政行为主体，即“具有国家行政职权的机关、组织及其工作人员”。与行政法上行政行为的实施主体相比，可诉性行政行为主体更为广泛，“不仅包括行政机关和法律、法规授权的组织，还包括拥有公共管理职权的其他组织，甚至包括行政机关工作人员”。[①]（2）可诉性行政行为的内容与行使行政职权有关，即只要该行政

① 江必新：《司法解释对行政法学理论的发展》，载《中国法学》2001年第4期。

行为与行使行政职权有关就可成为可诉性行政行为。与行政法上的行政行为相比，可诉性行政行为并不要求该行政行为一定是行使行政职权（包括职责），如《国家赔偿法》规定，因行使行政管理职权而造成公民、法人或其他组织损害的，公民、法人或其他组织有权依照国家赔偿法的有关规定获得赔偿，常见的对殴打、非法拘禁等行政事实行为的行政赔偿诉讼即属于此类。（3）可诉性行政行为必须是对公民、法人或其他组织的权利义务产生实际影响的行政行为。与行政法上的行政行为相比，可诉性行政行为要求该行政行为必须对公民、法人或其他组织的权利义务产生实际影响，如不具有强制力的行政指导行为即被明文排除在可诉性行政行为之外。①因此，行政诉讼法上的可诉性行政行为与行政法上的行政行为在诸多方面存在巨大差异，不能简单地套用行政法上行政行为的可诉与否来确定行政诉讼受案范围。

（二）行政相对人行为

迄今为止，行政相对人行为一直是行政法学研究的一个薄弱内容。行政相对人行为的内涵、构成要件、特征、性质、内容、程序、效力等问题均未深入研究，也没有引起学界足够重视。

1. 行政相对人行为的内涵及其构成要件

行政相对人行为是指在国家行政管理活动中，由公民、法人或者其他组织所作出的、能产生行政法律效果的各种法律行为的总称。对这一个概念应从以下几个方面来理解：（1）行政相对人行为是作为行政相对人的公民、法人或其他组织作出的行为。这是行政相对人行为的主体要件。公民、法人和其他组织几乎每时每刻都在作出各种行为，有的是作为民事主体的行为，有的是作为行政相对人的行为，更多的则是没有受到法律规范的行为。行政相对人行为要求，行政相对人行为既必须是处在行政法律关系中的行为，又

① 江必新：《司法解释对行政法学理论的发展》，载《中国法学》2001年第4期。

必须是行政法律关系中行政相对人一方的行为。（2）行政相对人行为是指公民、法人或者其他组织参与国家行政管理活动的行为。这是行政相对人行为的内容要件，也是其实质要件。如果公民、法人或者其他组织的行为与国家行政管理活动无关，该行为肯定不是行政相对人行为，参与国家行政管理活动是行政相对人行为的本质所在。（3）行政相对人行为是由行政法规范规定并产生行政法上法律效果的行为。这是行政相对人行为的法律要件。公民、法人和其他组织的行为非常广泛，只有那些受到行政法规范规定的，能引起行政法律关系发生、变更和消灭的行为，才被称为行政相对人行为。

2. 行政相对人行为的特征

与公民、法人或者其他组织的民事行为相比较，行政相对人行为具有以下特点：（1）行政相对人行为是产生、变更和消灭行政法律关系的行为。民事行为产生、变更和消灭民事法律关系，而行政相对人行为产生、变更和消灭行政法律关系。尽管与行政行为相比，行政相对人行为产生、变更和消灭行政法律关系的效力有限，但不影响产生、变更和消灭行政法律关系成为行政相对人行为的特征。（2）行政相对人行为是行政法律规范调整的法律行为。民事行为受民事法律规范调整，而行政相对人行为受行政法律规范调整。行政法律规范不仅详尽规定行政行为的实施，也规定行政相对人行为的实施。

3. 行政相对人行为的性质

公民、法人和其他组织的民事行为，是公民、法人和其他组织实施的能够产生、变更和消灭民事法律关系的行为，是私法行为；行政相对人行为，虽然实施主体在形式上与民事行为主体近似，但由于该行为导致的是产生、变更和消灭行政法律关系的行政法效果，因而行政相对人行为是公法行为。正是这种性质上的截然不同，决定了调整民事行为和行政相对人行为的法律规范的根本不同。

4. 行政相对人行为的种类

根据不同标准，行政相对人行为可以作不同的分类。（1）以行政相对人意愿是否主动为标准，行政相对人行为可分为主动行为和被动行为。主动行为是指行政相对人以其意愿而主动实施的行政相对人行为。如行政相对人主动行使的各种参政权利、受益权利和自由权利的行为等。被动行为是指行政相对人非按自己的意愿而被迫作出的行政相对人行为。这种行为通常是行政相对人被强制要求履行义务的行为，如被行政主体实施强制执行而承担义务的行为。(2）以行政相对人行为是否合法为标准，行政相对人行为可分为合法行为和违法行为。合法行为即符合行政法规定的行为。它又可分为消极的合法行为和积极的合法行为。前者如遵守交通规则的行为，后者如依法申请许可证、申请救济金等。违法行为即指违反行政法律规范的规定并承担不利法律后果的行为。（3）以行政相对人行为的权利义务的性质为标准，行政相对人行为可分为实体性行为和程序性行为。实体性行为是行政相对人为实现其实体性权利或履行其实体性义务而实施的行政相对人行为，如抵制违法行政行为。程序性行为是行政相对人行使程序权利和履行程序义务而实施的行政相对人行为，如申请复议、提起行政诉讼。（4）以法律法规对行政相对人行为的形式是否有严格的规定为标准，行政相对人行为还可分为要式行为和非要式行为。要式行为是行政法对行为方式有明确、具体规定的行政相对人行为。对于此类行为，行政相对人只能按法定方式作出才能产生法律效力，如申请颁发许可证的行为。非要式行为是行政法对行为方式没有严格的要求，行政相对人依其意思表示即可作出的行为，如行政相对人对行政机关及其工作人员提出批评、建议的行为等。

5. 行政相对人行为的内容

与行政行为的内容相似，行政相对人行为的内容同样由如下三个方面构成：（1）获取权益或行使权利。获取权益是行政相对人从行政主体获得某种权益，如行政相对人得到行政奖励、抚恤金等。行使权利是行政相对人通过自己的行为实际享有或运用的权利或自由，如行政相对人对行政主体行政活动提出批评、建议的行为，其内容就是行使参与国家行政管理的权利；行政相对人接受行政指导的行为，其内容则是行使自主选择的权利。行政相对人以其行为针对行政主体行使法定权利时，对行政主体来讲则是要求其履行作为或不作为义务。（2）放弃权利或履行义务。放弃权利是行政相对人以其自己行为表示放弃某种权利。行政相对人放弃权利的行为有两种，一种是以明确的意思表示放弃，如以书面形式告知行政主体放弃某种利益；一种是以默示的行为方式表示放弃，如领取了出入境许可证后行政相对人在规定的期限、时效内不行使权利。履行义务是行政相对人通过自己的行为履行义务，包括财产给付的义务；作出一定行为或不作出一定行为的义务等。（3）证明法律事实或法律地位。证明法律事实是行政相对人主动或者应行政主体请求，以其证明行为，证实对某种权利义务关系有影响的法律事实是否存在。证明法律地位是行政相对人以其证明行为，证实某种权利义务关系是否存在以及存在的范围。

6. 行政相对人行为的程序

任何法律行为，其行使都应当有一套程序，行政相对人行为也不例外。一般而言，行政相对人行为的程序主要包括：行政相对人行为的启动、形式、方式、期限、效力等。以行政相对人提起行政复议为例，复议申请的提出，复议申请书的撰写、申请期限、申请效力等事项，都属于行政相对人程序的内容。

7. 行政相对人行为的法律效力

行政相对人行为的效力，指的是行政相对人行为产生、变更和消灭行政法律关系的行政法效果。在不同行政法律关系中，行政相对人行为的效力不同。[1]（1）在行政合同、行政指导等法律关系

---

① 方世荣：《论行政相对人》，中国政法大学出版社2000年版，第129页。

中，行政相对人与行政主体双方合意能使行政法律关系产生、变更和消灭。(2) 在行政管理法律关系中，行政相对人自觉行使或履行行政法规定的权利或义务的行为，可以导致行政法律关系的消灭。(3) 在行政程序法律关系中，行政相对人的申请行为，可以形成行政程序法律关系；如果行政相对人申请的实体内容符合法律规定，则就会产生、变更行政实体法律关系。

（三）行政法治监督行为

行政法治监督行为是指监督主体（国家机关及依法享有监督权的社会组织和公民）依据宪法、法律规定的监督权力和程序对行政主体及其工作人员行使行政权力等行政活动进行监督。主要有权力监督行为、司法监督行为、行政监督行为及社会监督行为等类型。

1. 权力监督行为

权力监督行为是权力机关的行政法治监督行为的简称。其内容主要有：(1) 法律实施状况，即行政执法情况；(2) 依法行政状况；(3) 行政法规、规章及行政解释的违宪、违法审查，其他规范性文件的备案审查等；(4) 重要人事任免；(5) 议案办理；(6) 执行政策和决议状况；(7) 国民经济和社会发展计划及执行情况；(8) 财政预算及执行情况；(9) 重大行政措施；(10) 公民对行政主体的申诉、控告和检举事件。目前，权力监督行为主要根据《宪法》、《各级人民代表大会常务委员会监督法》、《立法法》的规定实施。

2. 司法监督行为

司法监督行为是司法机关的行政法治监督行为的简称，目前主要表现为审判机关的行政诉讼和检察机关的法纪监督、经济监督、侦查监督、监所与劳改监督以及对行政诉讼的法律监督，亦即通常所说的审判监督与检察监督。

3. 行政监督行为

行政监督行为是行政机关的行政法治监督行为的简称。主要分为三种监督行为：（1）一般行政监督，主要通过报告、请示、检查、审查、调查、考核等方式进行。（2）行政监察，即各级行政监察机关对国家机关及其公务员依法行政和违纪、失职行为的监督。（3）审计监督，即国家审计机关依法对各级行政机关的财政收支状况和法律、法规规定应当进行审计的国有金融机构、国有企业、事业单位的财务收支状况的合法性、真实性和合理性进行审核监督的活动。其中对各级行政机关的审计属于典型的行政法治监督。《审计法》及《审计法实施条例》对该类监督作了具体规定。

除了上述各类国家机关的行政法治监督行为外，社会监督近年来也得到了很大发展。党纪监督、人民政协和民主党派的民主监督、人民团体和社会组织的监督以及人民群众的舆论监督，特别是各类媒体的新闻监督正在向着法治化的轨道迈进。近年来，妇孺皆知的周某某案、[①]“躲猫猫”案[②]以及“周老虎”事件[③]等就是社会监督的成功范例。目前，社会监督与国家监督相结合，正在不断丰富和充实行政法律关系的行政法治监督行为客体。

对于上述行政行为、行政相对人行为以及行政法治监督行为等行政法律关系的客体，还存在一个程序问题。“行政法更多的是关于程序和救济的法。”[④]“程序是法律的生命形式，因而也是法律内部生命的表现。”[⑤] 程序是为了达到一定的目的而设计的行为方式和步骤以及实现这些方式和步骤的时间、顺序的总和。实际操作时表现为按照人的事先设计而运作的过程。在实践中，人们习惯性将

---

① 周某某原系南京市某区房产局局长，2008 年 12 月 10 日，因公开扬言要查处低于成本价销售楼盘的开发商（以保护其房地产亲友的垄断价位），而被网民群起批评；继而因其被贴在网上的照片被细心的网友发现其所抽香烟竟是每条售价在 1500 元至 1800 元的名牌香烟；后来又被网民发现他所戴手表也是高达万元，引起网民的强烈质疑和声讨，最后因涉嫌犯罪被司法机关查处。参见郭道晖：《论社会权力的存在形态》，载《河南省政法管理干部学院学报》2009 年第 4 期。

② 2009 年 2 月，云南省某县公安局和看守所谎称一囚犯李某某死于监狱是因为他与人玩“躲猫猫”游戏碰墙致死，引起网民强烈质疑，促使云南省委宣传部门出面组织有网民代表参加的调查组，最终云南省政府于 2 月 27 日召开新闻发布会，通报“躲猫猫”事件原来是李某某被看守所内牢头狱霸以玩游戏为名殴打致死。参见《公众追寻真相的能力就是社会进步的能力》，载《南方都市报》2009 年 3 月 1 日。

③ 2008 年，陕西农民周某某在有关政府官员的怂恿下，炮制假照片，伪称发现已绝迹多年的华南虎，被网民从各方面以各种实证予以戳穿，终于迫使当地政府不得不认错道歉，并通过司法调查和审判宣布为伪造。参见《公众追寻真相的能力就是社会进步的能力》，载《南方都市报》2009 年 3 月 1 日。

④ ［美］伯纳德·施瓦茨：《行政法》，徐炳译，群众出版社 1986 年版，第 3 页。

⑤ 《马克思恩格斯全集》（第 1 卷），人民出版社 1956 年版，第 179 页。

行政程序与行政行为程序画等号，而将行政相对人行为程序和行政法治监督行为程序排除在行政程序之外，这种认识实际上是非常片面的。究其本质而言，行政程序是指行政行为、行政相对人行为、行政法治监督行为在时间和空间上的表现形式，即指行政主体、行政相对人、行政法治监督主体为实现预定的行政目标而必须遵循的方式、步骤、顺序、空间以及时限的总和。上述事项一般通过行政程序法的方式予以规定。

三、行政法律关系内容

行政法律关系的内容指的是行政法律关系主体依法享有的权利和依法承担的义务。主要包括行政职权与行政职责、行政相对人权利与义务、行政法治监督权等。

（一）行政职权与行政职责

行政权本身是一种周边并不明确的支配力和影响力，它有一种盲目扩张的趋势。严格说来，行政权是国家政权组成之一，它与行政主体的权力并不能简单地画等号。在行政法上，行政主体的权力是处于行政法律关系中的具体行政主体（主要是行政机关）所拥有的，与其行政目标、职务和职位相适应的管理资格和权能，是行政权的具体配置和转化形式，即行政职权。因此，通常而言，行政职权是指宪法、法律赋予行政主体执行法律规范的权力。包括如下三层含义：（1）行政职权源于宪法和法律，没有宪法、法律的确认或设定，行政职权也就失去了存在和行使的合理基础；（2）行政职权既可以存在于相对统一的法律中（如宪法、国务院组织法、地方各级政府组织法等），也可分散于各单行法中（如土地管理法、食品安全法等），还可通过法律或人大常委会的决定，专门将某种行政权力的设定授予某类行政机关（如行政处罚法将行政处罚的部分设定权授予有规章制定权的行政机关等）。（3）行政职权原则上由有权的行政主体行使，其他国家机关不能行使，社会组织非经法律授权或行政机关依法委托也不能行使。

行政职权有其自身的明显特点：（1）行政职权与行政职责相统一。既没有无职责相伴的职权，也没有无职权相伴的职责，而且不同的行政职权配套不同的行政职责。某一类行政职权，对于相对人而言是职权，对于国家而言是职责。（2）行政职权不可转让或放弃。这一特点决定了行政复议、行政诉讼实践中大量行政争议的不可调解性。（3）行政职权具有国家强制力。这一特点主要是相对于行政相对人权利而言的。（4）行政职权具有公益性。这一特点决定了行政职权不能事无巨细地包揽，应当严格控制在公益范畴。

行政权的特性决定了必须以法律设定行政权的行使界限，即行政权限。行政主体只有在其法定的权限范围内行使其行政职权才是合法的。同时，法律给行政职权设置的限制，不仅包括实体上的权限范围（行政权限），还从程序上为行政主体规定了行使职权的方式和过程（行政程序）。行政主体行使行政职权不仅要依据法定的权限，还要依据法定的程序，即既要遵循实体法的规定，也要遵循程序法的规定。行政法上研究的行政职权，具体表现为国家通过法律对各个行政主体进行行政权能和行政权限的设定。其中行政权能，即法律赋予行政主体在进行行政活动时可采取的方法、手段和措施，如行政许可、行政处罚、行政征收、行政奖励等；行政权限又称行政管辖权，是法律规定的行政主体运用行政权能完成活动时在事务、地域、层次等方面的范围界限，包括：（1）事务管辖权，即根据行政事务的不同确定的职权范围，如公安、税收、工商事务等，部门行政法主要就是依据行政事务的不同进行的划分。（2）地域管辖权，即以行政区域的不同划分行政职权的范围，如属地管辖，一般以行政相对人行为地标准为原则，以行政相对人所在地标准和不动产所在标准为例外。行政区域构成了地域管辖权的基础。（3）层级管辖权。主要考虑行政相对人的身份地位、行政事务的影响程度（主要涉及对行政相对人权利义务的影响、对公共利益的影响以及标的物的特殊性）以及是否包含涉外因素等要素，据此来确定不同层级行政主体的职权。行政级别构成了层级管辖权的基础。

行政职权的内容，根据不同的划分标准有不同的概括：(1) 从行政职能的角度看，行政职权主要有经济调节、市场监管、社会管理、公共服务四项职能。(2) 从行政职权的行使方式看，行政职权主要有行政立法权（如制定行政法规、规章等）、行政命令权（如发布命令、禁令、制订计划、规划等）、行政监督权［检查、调查、审查（计）、统计等］、行政处罚权（拘留、罚款、没收、吊扣证照等）、行政指导权（建议、劝告、警示、发布信息等）、行政处理权（许可权、征收权、给付权、奖励权等）、行政司法权（行政裁决、调解等）、行政强制权（限制人身自由、查封、扣押、冻结、划拨等）等。(3) 从行政职权的内容看，行政职权有实体行政权与程序行政权之分。所谓实体行政权，是涉及权力主体在行政法律关系中的存在、地位、资格和职能等具有本体属性的行政权力。一旦失去，权力主体将不复存在。所谓程序行政权，是规范实体行政权如何行使的行政权力。程序行政权不直接决定或体现权力主体在行政法律关系中的存在、地位、资格和职能等实体性问题，仅仅是发挥规范实体行政权行使的作用。当然，这一职权分类也是相对的，如行政检查权，相对于行政处罚权而言是程序行政权，相对于行政监督权而言又是一类实体行政权。

此外，理解行政职权的内涵，还需要注意区分与行政优益权的关系。行政优益权是国家为保证行政职权的有效行使，赋予行政主体及其工作人员某些职务上或物质上的优惠条件。严格说来，它不属于行政职权，但与行政职权关系密切。行政优益权必须有法律根据并且在法定情形下方可行使，具体划分为行政优先权和狭义的行政优益权。行政优先权是国家赋予行政主体及其工作人员职务上的优惠条件，包括获得社会协助权，如优先通行、优先使用、免费使用、其他协助等，受特别保护权，如人身、公务状态受法律特别保护等。行政优益权是国家赋予行政主体及其工作人员物质上的优惠条件，如必要的行政经费、办公用房、设备、工具、通讯设备等。

行政职责是行政主体在行使职权过程中依法承担的义务。任何行政主体在享有或行使职权时必须同时履行职责。行政职责作为一种义务，不能抛弃或违反，否则将引起行政法律责任。行政职责的内容依不同的行政主体而有所区别。就普遍性而言，行政职责主要包括：（1）保障国家安全的职责；（2）维护社会秩序的职责；（3）保障和促进经济发展的职责；（4）保障和促进文化进步的职责；（5）健全和发展社会保障与社会福利的职责；（6）保护和改善人类生活与生态环境的职责；等等。

（二）行政相对人的权利与义务

行政相对人在行政法上的权利与义务，体现的是行政相对人的法律地位。行政相对人的权利与义务，因其在不同行政法律关系中具体地位的不同，往往有很大差别。在行政实体法律关系中，行政相对人是行政主体行政管理的对象。行政相对人须服从行政主体的管理，履行行政主体为其确定的义务，遵守行政管理秩序，否则，行政主体可以实施行政强制或行政制裁。在行政程序法律关系中，行政相对人是行政管理的参与人。行政相对人不只是被动的管理对象，同时也要通过行政行为的各种途径和形式参与行政管理，如通过批评、建议、听证会等形式参与行政立法和其他各种行政规范性文件的制定；通过陈述、申辩、提供证据、听证、辩论等行政程序参与具体行政行为的实施等。在行政救济法律关系和行政法制监督关系中，行政相对人转化为救济对象和监督主体，在其合法权益受到行政主体侵犯后，可以依法申请法律救济，成为行政救济法律关系的一方主体。同时，行政相对人与权力机关、司法机关等国家机关相结合又可对行政主体行使行政权力的行为实施监督，成为行政法制监督的主体之一。正因为行政相对人在不同行政法律关系中法律地位的巨大差异，所以很难具体列举行政相对人的权利和义务，只能采取归类列举的方式。

公民、法人和其他组织在行政法上的权利，即行政相对人权利，与它们在宪法和其他部门法上的权利是不同的。行政相对人权利是由行政法规定或确认，行政相对人参与行政活动的权利。它是公民政治权利、经济权利、文化权利、社会权利等在行政法中的综合体现。包含下列含义：第一，行政相对人权利是行政相对人依法享有的权利。行政相对人权利既不同于宪法基本权利，也不同于民事权利。与宪法基本权利相比，行政相对人权利与宪法规定的基本权利有着密切的联系，可以说是宪法基本权利在行政法领域的具体化，且其内容随着宪政的发展逐步由程序权利向实体权利拓展。[①]与民事权利相比，行政相对人权利显然属于公权利范畴，是公民、法人和其他组织依照行政法律规范享有的公法权利，而民事权利明显归属于私权利范畴。[②] 第二，行政相对人权利是行政法设定或确认的权利。表现为：（1）作为行政法渊源的宪法所设定的行政相对人权利，如申诉、控告、检举权。（2）行政法规定的权利，如《行政处罚法》规定的要求听证的权利。（3）由其他部门法规定，经行政法确认的权利，如《企业法》规定了经营权（尤其是国有企业），行政法确认后演化为经营自主权，拒绝摊派权等。（4）其他部门法规定后，行政法又设定了从属性权利，如民法规定了自然资源的使用权，行政法律法规进一步规定了自然资源使用权的确认权等。[③] 第三，行政相对人权利与行政权力具有一定的对应性。在宪法中，公民权利与国家权力形成对应关系；在民法中，不同民事主体间的民事权利形成对应关系；在行政法中，行政相对人权利与行政权力同样形成对应关系。理解行政相对人权利，应当联系其对

---

① 应松年主编：《当代中国行政法》，中国方正出版社2005年版，第148页。

② 李建良、陈爱娥、陈春生、林三钦、林合民、黄启祯：《行政法入门》，台湾元照出版有限公司2006年版，第139～146页。

③ 方世荣：《论行政相对人》，中国政法大学出版社2000年版，第63～64页。

应的行政权力，如把握行政相对人抵制违法行政行为权，就应当注意到行政主体明显违法行使行政权力活动的先予存在。

行政相对人义务是公民、法人和其他组织在行政法上的义务。理解行政相对人义务，同样不能把行政相对人义务与宪法规定的基本义务和公民、法人以及其他组织的民事义务相混淆。我们很难一一列举在行政相对人行政法律关系中的具体义务，但可以将行政相对人义务概括为如下两个方面：（1）遵纪守法和服从行政管理的义务。在行政法律关系中，公民、法人和其他组织首要义务是遵守有关行政管理的法律、行政法规、地方性法规、规章和其他规范性文件，执行行政命令、行政决定，服从行政管理。从某种意义上讲，行政相对人遵纪守法并服从行政管理，是行政法律关系最显著的特征，没有行政相对人遵纪守法和服从行政管理，就没有行政法律关系，也就没有行政法的存在。（2）依法履行劳动、受教育、纳税、服兵役和保守国家秘密等宪法基本义务。劳动、受教育、纳税、服兵役和保守国家秘密等义务，是宪法规定的公民基本义务。这些基本义务如何落到实处，需要行政法作出具体规定。公民、法人和其他组织有义务依照行政法的规定具体履行劳动、受教育、纳税、服兵役和保守国家秘密等义务。以纳税义务为例，公民、法人和其他组织具体缴纳哪些税、缴纳多少税，如何缴纳，都需要税法具体规定。应该看到，随着宪政发展和行政法治的完善，行政相对人义务也在逐步由程序义务向实体义务拓展，程序义务日益规范。

（三）行政法治监督权

在现代社会，监督制度早已成为国家民主政治的重要内容，其实质是对权力的制约、督导，防止权力的滥用和腐败。监督权作为现代社会权力制衡（包括“国家权力制衡国家权力”、“公民权利制衡国家权力”、“社会权力制衡国家权力”）的产物，法学界有广义和狭义两种理解：广义的监督权，是指由所有国家机关、社会组织和公民对各种法律活动的合法性进行监察和督导的权力和权利；而狭义的监督权，仅指有关国家机关依照法定权限和法定程序，对立法、司法和执法活动的合法性进行监察、督促的权力。在具体的法治实践中，国家机关及其工作人员的各种公务活动往往是监督的重点，其中行政机关及其工作人员的行政活动构成了重中之重，行政法治监督权由此产生。

行政法治监督权是国家机关、社会组织和公民对各类行政活动的合法性、合理性、合纪律性进行监察和督促的权力和权利。理解行政法治监督权，着重把握如下三个方面内容：首先，行政法治监督权是国家机关、社会组织和公民依法享有的监督权，其主体非常广泛。其中国家机关，如各级权力机关、检察机关、审判机关、行政机关；社会组织，如政党、政治团体和群众组织，乃至公民个人，都可以成为行政法治监督主体。其次，行政法治监督权的内容是对各类行政活动的合法性、合理性、合纪律性进行监督，是全面和全方位的监督。既包括行政主体及行政人的行政活动，也包括行政相对人与行政有关的活动，[①] 还包括行政法治监督主体的行政法治监督活动。最后，行政法治监督权是权力和权利的综合体现。这种监督权为国家机关行使时，表现为权力；为社会组织和公民个人行使时，一般则表现为权利。

行政法治监督权有着不同于其他监督权的鲜明特征：（1）权力和权利的混合性。与行政职权、行政相对人权利不同，行政法治监督权由于权利主体的广泛性，决定了其不可能单纯地表现为一类权力或权利，而必然是一种权力与权利的混合。（2）法定性。从根本上讲，行政法治监督权植根于我国《宪法》第 2 条“中华人民共和国的一切权力属于人民”的规定，根据《宪法》第 3 条第 3 款、第 41 条的规定表现为不同的监督权。按照行政法治的精神，行政法治监督权表现出主体法定、对象法定、内容法定等诸多特性。

---

① 主要是行政监督权的内容，但行政相对人之间的监督应归入行政法治监督权的范畴。

第四章 行政法的基本原则

一、行政法基本原则概述

行政法应遵循的原则很多，根据不同的层次，大致可以分为三类。一类是政治原则和宪法原则，如四项基本原则是我国行政法的政治原则，也是最高原则，它规定行政法的发展方向、道路和根本性质；民主集中制原则、精简原则是我国行政法的宪法原则。另一类是一般的行政法原则，即基本原则，这类原则位于政治原则和宪法原则之下，产生于行政法并指导所有的行政法律规范。它是行政法原则中最主要、最具有普遍价值的原则。再一类是行政法的具体原则，这类原则位于基本原则之下，产生于行政法并指导局部的行政法规范，如诉讼不停止执行原则、一事不再罚原则等。2011 年 10 月 27 日，国务院发布的《中国特色社会主义法律体系》白皮书指出："……行政法遵循职权法定、程序法定、公正公开、有效监督等原则，既保障行政机关依法行使职权，又注重保障公民、法人和其他组织的权利……"这些原则，实际上描述的就是行政法的具体原则。

按照《现代汉语词典》的解释，"原则"是指"说话或者行事所依据的法则"，而"基本"在与"原则"相联系时一般应被解读为"根本的"而非"主要"的意思。故法学意义上的"基本原则"实际上就是人们行事所依据的根本的法则。具体到行政法的基本原则，自然应当是指导和规范行政法的根本法则，其本身应当具有法律性、基本性、特殊性等特征。所谓法律性，即行政法的基本原则必须是一种法律准则，而不是其他准则，诸如道德准则等；[①] 所谓基本性，即行政法的基本原则是一种基本的法律准则，是行政法领域中最高层次的、比较抽象的行为准则，它构成其他行为准则的基础性或本源性的依据；所谓特殊性，即行政法的基本原则还是体现在行政法规范而不是其他法律规范中的基本准则，是行政法所特有的基本原则，而不是与其他部门法共有的一般原则。简言之，行政法的基本原则，是指其效力贯穿于全部行政法规范之中，能够集中体现行政法的根本价值和行政法的主要矛盾，并反映现代民主法治国家的宪政精神，对行政法规范的制定与实施具有普遍指导意义的基础性或本源性的法律准则。[②]

行政法的基本原则，作为指导和规范行政法的根本法则，本质上是用以解决行政法的基本矛盾或问题的。那么，行政法的基本矛盾或问题又是什么呢？多数学者谈及该问题时认为，行政与法的对立统一，构成行政法的基本矛盾。"从本质上说，行政法乃是行政（权）与法（治）的对立统一，各种有关行政法的态度和理论学说——有些针锋相对——实质上就是对这对矛盾的不同观念。"[③] "行政与法的关系问题，是行政法所要解决的核心问题，也是各国行政法关注的焦点。"[④] 据此，"作为行政法这一部门法所特有的基本原则，行政法基本原则主要应该集中反映现代民主法治国家之行

---

① 对于行政法基本原则而言，法律性具有独特性。例如，意思自治原则构成民法的基本原则，如果说在合法基础上的意思自治具有很强的契约性、合意性的话，行政法治的合意性极少，合法性更强。从这一特性出发，行政法的基本原则更应当突出法律性。

② 周佑勇：《行政法基本原则的反思与重构》，载《中国法学》2003年第4期。

③ 陈端洪：《中国行政法》，法律出版社1998年版，第33页。

④ 周佑勇：《行政法基本原则的反思与重构》，载《中国法学》2003年第4期。

政与法之间的对立统一关系”。[①] 毫无疑问，在法治社会，让行政受到法的规制，即行政法治，应当成为反映行政与法对立统一关系的基本规则。反过来，从法治的角度看，建设法治国家，法治既是治国的统一要求，也是对各部门法的要求。具体到行政法上，就是行政法治或法治行政。其实质是人民高于政府，政府服从人民。围绕这一命题，从最初的行政合法性原则、行政合理性原则、行政应急性原则，[②] 到行政法的实体性基本原则（依法行政原则、尊重和保障人权原则、越权无效原则、信赖保护原则、比例原则）与行政法的程序性基本原则（正当法律程序原则、行政公开原则、行政公正原则、行政公平原则）的划分，[③] 再到行政法定原则（要求行政必须符合法的形式正义，做到职权法定、法律优先、法律保留）、行政均衡原则（要求行政必须体现法的实质正义，做到平等对待、禁止过度、信赖保护）、行政正当原则（要求行政必须体现法的程序正义，做到避免偏私、行政参与、行政公开）的凝炼，[④] 最终无不统一在行政法治原则的旗帜之下，从另一侧面也印证了行政法治是行政法的总的基本原则。正是基于这样的认识，我们说，行政法的基本原则是行政法治原则。这一命题至少包括两层意思：第一，行政法治原则是行政法的基本原则，这一内涵基本没有争议；第二，行政法治原则作为行政法的基本原则，从一定意义上讲，具有排他性，亦即行政法的基本原则是行政法治原则。除行政法应当遵循的政治原则或宪法原则外，行政法的其他原则应当统一

---

① 周佑勇：《行政法基本原则的反思与重构》，载《中国法学》2003 年第 4 期。

② 罗豪才主编：《行政法学》，北京大学出版社 1996 年版，第 30 ~ 34 页。

③ 姜明安主编：《行政法与行政诉讼法》（第五版），北京大学出版社、高等教育出版社 2011 年版，第 67 ~ 81 页。

④ 周佑勇：《行政法基本原则的反思与重构》，载《中国法学》2003 年第 4 期。

在行政法治原则这一基本原则之下。

二、行政法治原则

行政法治是公共行政的依法治理状态，即公共行政的各个方面和各个环节有法可依，有法必依，执法必严，违法必究。[①] 行政法治原则作为法治原则在行政法上的反映，其内涵极其丰富。从主体的角度看，行政法治原则涵盖了对行政法律关系所有主体的法治要求，即既要求行政主体依法行政，依法服务，也要求行政相对人守法、用法，还要求行政法治监督主体依法监督。由于历史的原因和现实的需要，我们谈及行政法治原则时，经常更突出地强调其对行政主体的要求，即“无法律即无行政”。事实上，“公民必须守法”、“依法监督行政行为”等也是行政法治原则的内在要求。从权利的角度看，既要求行政权有法可依，依法行使，做到“法无明文授权不可为”，[②] 也要求行政相对人权利有法保障，依法行使，做到“法无明文禁止不违法”，还要求行政法治监督权有法可依，依法行使，做到“法无明文规定不可弃”。从行为的角度看，既要求行政行为法治；也要求行政相对人行为法治，还要求行政法治监督行为法治。因此，对行政法治原则的内涵，可简要概括为十二个字，即依法行政、公民守法、监督行政。

（一）依法行政

依法行政，首先，资产阶级在反对封建专制统治的资产阶级革命中，作为一种学说提出来的。其理论基础是“三权分立”和“法治”思想，核心在于制约和限制行政权力。因此，科学地讲，依法行政从来不能也不应跟“行政法治”画等号，它只是行政法

① 苏祖勤、徐军华：《行政法治》，中国国际广播出版社 2002 年版，第 21 页。

② 目前的行政法治实践，“法无明文授权不可为”主要适用于羁束行政和负担行政，对裁量行政、给付行政尚不完全适用。

治原则对行政主体、行政权力、行政行为、行政责任等践行法治的统一要求，即要求行政主体法治、行政权力法治、行政行为法治和行政责任法治。

依法行政的首要要求是行政主体法治。行政主体法治，实际上应当包括三个方面的内容：一是行政组织依法成立。这就要求从国务院到乡镇政府、从国务院组成部门到地方各级政府组成部门，从中央派出机构到地方派出机构，从行政机关到被授权组织，各级各类行政组织的成立都应当有明确的行政组织法依据，如《国务院组织法》、《地方各级人民代表大会和地方各级人民政府组织法》就是落实这一原则的立法体现。二是行政编制受法控制。这就要求各级各类行政组织的领导职数、内设机构及其岗位职数等应当严格受到行政编制法的控制，《国务院行政机构设置和编制管理条例》、《地方各级人民政府行政机构设置和编制管理条例》就是落实这一原则的主要立法体现。三是行政组织工作人员即公务员管理法制化。这就要求各级各类行政组织公务员的任用、考核、流动及其权利义务都应当有明确具体的法律规定，《公务员法》就是落实这一原则的立法体现。只有行政组织、行政编制、公务员管理等全部纳入法治的轨道，才能说实现了行政主体法治。

其次，依法行政要求行政权力有法可依，亦即行政职权法定。所谓行政职权法定，就是指任何行政职权的来源与作用都必须具有明确的法定依据，否则越权无效，要受到法律追究，承担法律责任。具体包括以下三层含义：[①] 第一，行政职权来源于法。一切行政行为以行政职权为基础，无行政职权即无行政。然而，行政职权必须合法产生，行政主体的行政职权或由法律、法规设定，或由有权机关依法授予，否则权力来源就没有法律依据。没有法律依据的行政权从根本上说是一种非法的权力。行政职权来源于法是对行政

---

① 孟鸿志主编：《行政法与行政诉讼法学》，科学出版社 2009 年版，第 26 ~ 27 页。

权力来源的基本要求，它构成行政职权法定的基础。第二，行政职权受制于法。行政职权法定不仅要求行政职权来源于法，还进一步要求行政职权的行使（行政作用或称行政行为），必须具有明确的法定依据，受到法的全面、全程和实际的制约。行政职权受制于法是对行政权力行使的要求，它构成行政职权法定的核心。第三，越权无效，并应承担法律责任。行政职权来源于法，受制于法，否则即为违法的权力，构成一种越权行为。职权法定还要求行政主体不得越权，如果越权则不具有法律效力。“这是因为，法律效力必须法律授予，如不在法律授权范围内，它就在法律上站不住脚。”①因此，法院及其他有权国家机关可以撤销越权行为或者宣布越权行为无效，并依法追究有关责任主体的法律责任。这是对权力行使后果的要求，构成职权法定原则的保障。如果违法的权力并不承担法律责任，那么权力来源于法律、权力应受法律限制将毫无意义。

再次，依法行政要求行政行为依法进行，亦即行政行为法治。行政行为法治，核心是行政程序的法治化。无论是英国行政法的自然公正原则，还是美国行政法的正当法律程序原则，无不强调的是行政程序的法治化。行政程序的法治化，首先要求行政行为的实施程序法治化，力求做到行政行为的实施有法定程序可依，更重要的是，要求行政行为遵循法定程序，真正做到行政行为的实施有法必依。

最后，依法行政要求行政责任依法承担，亦即行政责任法治。行政主体依法产生，行政权有法可依，行政行为依法进行，否则依法承担行政责任，这是依法行政的必然结果。因此，行政责任法治，就成为依法行政的一个重要组成部分。

准确理解依法行政的内涵，还必须把握学界广为提及的法律保留原则、法律优先原则、平等对待原则、比例原则、信赖保护原

① ［英］威廉·韦德：《行政法》，徐炳等译，中国大百科全书出版社1997年版，第44页。

则、正当程序原则等行政法原则。

1. 法律保留原则

法律保留近似于英美法系国家的“依法而治”，是指在国家法律秩序范围内，某些事项必须专属于立法者规范，行政机关不得代为规定。[①] 法律保留原则严格区分国家立法权与行政立法权，是法治在行政立法领域内的当然要求，其根本目的在于保证国家立法的至上性，划定了立法机关与行政机关在创制规范方面的权限秩序。法律保留范围的事项，行政机关非经授权不得自行创制规则，保障了法律规范位阶的有序性，防止了行政立法权自我膨胀，有利于民众权益的保护。因此，法律保留的意义就在于“明确权力秩序，确立授权禁区”。[②]

2. 法律优先原则

法律优先，“亦即法律对于行政权之优越地位，以法律指导行政，行政作用与法律抵触者应不生效力”。[③] 法律优先原则实质上强调的是法律对于行政立法，即行政法规和规章的优越地位，其具体的要求有三：一是依据原则，即行政立法必须具有明确而具体的法律根据；二是不抵触原则，即行政立法不得与法律相抵触，在已有法律规定的情况下，行政法规、规章不得与法律相抵触，凡出现抵触，应以法律为准，法律优先于行政法规、规章；三是服从原则，即在法律尚无规定，根据特别授权，行政法规、规章作了规定时，一旦法律就行政事项作出规定，法律优先，行政法规、规章都必须服从法律。[④]

---

① 陈新民:《行政法学总论》，台湾三民书局 1997 年版，第 52 页。

② 范忠信、范沁芳:《论对授权立法中授权行为的监控》，载《法律科学》2000 年第 1 期。

③ 转引自城仲模:《行政法之基础理论》（增订新版），台湾三民书局 1994 年版，第 5 页。

④ 应松年:《依法行政论纲》，载《中国法学》1997 年第 1 期。

3. 平等对待原则

平等对待原则，是作为宪法原则的“平等原则”在行政法中的具体化。主要是行政主体针对多个相对人实施行政行为时应遵循的规则，具体包括三种情况，即同等情况同等对待，不同情况区别对待，类似情况比例对待。其中同等对待规则要求行政主体在同时面对多个相对人时应一视同仁，反对歧视；在先后面对多个相对人时应当先后一致，反对反复无常。区别对待规则，要求行政主体在实施行政行为时应认真区别各相对人的具体情况。比例对待规则，要求行政主体应当按不同情况的比重来设定相对人的权利义务。在同一案件或法律事实中，这种比例往往与各相对人所起作用的大小、情节轻重相一致。概括这三种情况，可以从中具体导出禁止恣意和行政自我拘束两项基本要求或子原则。①

4. 比例原则

比例原则，又称均衡原则或平衡原则，② 首创于德国，曾被德国行政法学鼻祖奥托·迈耶（Otto Mayer）誉为行政法中的“皇冠原则”，我国台湾学者陈新民教授称其为行政法中的“帝王条款”。③ 作为拘束行政的基本准则，比例原则主要是行政机关在实施负担行政行为或干预行政行为时所应当遵循的利益衡量准则。因为上述行政行为的内容主要是限制个人利益，即通过限制个人利益来达到实现公共利益的目的。比例原则具体包括必要性原则和合比例性原则。

---

① 周佑勇：《行政法基本原则研究》，武汉大学出版社 2005 年版，第 215 页。

② ［德］格奥尔格·诺尔特：《德国和欧洲行政法的一般原则——历史角度的比较》，于安译，载《行政法学研究》1994 年第 2 期；于安编著：《德国行政法》，清华大学出版社 1999 年版，第 29 页。

③ 陈新民：《行政法总论》台湾三民书局 1997 年版，第 3 页。

5. 信赖保护原则

信赖保护原则是诚信原则在行政法中的运用。所谓信赖保护原则，是指当行政相对人对行政行为形成值得保护的信赖时，行政主体不得随意撤销或者废止该行为，否则必须合理补偿行政相对人信赖该行为有效存续而获得的利益。我国目前已经在行政许可领域确立了信赖保护原则。[①]

6. 正当程序原则

正当程序原则源自于英国的自然公正原则和美国的正当法律程序原则，其基本含义在于行政权力的运行必须符合最低限度的程序公正标准，具体包含避免偏私、行政参与和行政公开三项内容。正当程序原则直接体现了现代法治国家对行政权力公正行使的最低限度、也是最基本的要求，从根本上承载了现代行政程序的基本价值追求——程序正义，是确保程序正义观念在行政行为中得以实现的重要保障。

（二）公民守法

公民自觉守法，既是社会主义民主的本质要求，也是现代法治的普遍要求，当然也是我国建立法治国家的基本要求。社会主义法律，从本质上讲是人民利益和意志的体现和反映，是人民自己的法。因此，守法对于公民来讲，实际上就是按照自己的意志和要求办事，这也决定了公民应当也能够以主人翁的态度和责任感自觉地守法。而以主人翁的态度和责任感自觉守法，除了我们习惯上认知的公民自觉履行法律义务外，依法积极行使公民权利即自觉用法同样不容忽略。“公民遵守法律，既包括对义务性规范的遵守即令行禁止，又包括对授权性规范的遵守即依法行使权利，在法律准许和授权的范围内享受和维护自己的合法权益。可见，公民不折不扣地

① 参见《行政许可法》第8条、第69条。

遵守法律本身即已包括了公民用法。”[①] 公民用法在实践中主要表现为两种形式，一是公民依法维权；二是公民自治。公民依法维权，正是行政法治原则之于行政相对人的内在要求。从《秋菊打官司》盲目地“讨说法”到山东三位高考考生状告教育部侵犯受教育权，从没有“民告官”到“民告官”成为常态，公民依法维权正受到全社会的重视。值得注意的是，在公民追求法律正义的过程中，基于目的的正当性与合法性，有些维权实践从手段上讲往往游离于法律之外，如饱受诟病的信访。而公民自治，在法治社会，则是公民积极守法的另一种主要形式。一般而言，“自治”是与“他治”相对应的，但在法治状态下又是建立在法治基础上的一种政治理念与制度。[②] 当代我国，深入推进公民自治，既是依法治国所必需，也是行政法治原则的内在要求。

公民守法，是法理学意义上的表述，具体到行政法领域，其实强调的是行政相对人守法、用法。长期以来，谈及行政法治，我们往往习惯于与行政主体的依法行政对号入座，殊不知行政法治还包括行政相对人守法、用法的内涵。而在行政法治原则指引下的行政相对人守法、用法，要求保障行政相对人权利合法，行政相对人行为依法进行，否则依法承担行政责任。

行政相对人权利合法，是行政法治原则之于行政相对人守法、用法的首要要求，同时，也是“有法可依”法治原则在行政法治原则中的具体反映。我国宪法规定的诸多公民政治权利，如选举权与被选举权、言论自由、出版自由、结社自由、集会、游行、示威自由等，从根本大法的高度为行政相对人权利合法化奠定了权利基础。然而，宪法规定的公民基本权利不等于行政相对人权利，切实

① 刘焯：《论社会主义的公民守法》，载《中南政法学院学报》1990年第4期。

② 需要说明的是，法治社会，“自治”不但不排斥“法治”，相反，“自治”往往是建立在“法治”基础之上，其过程包含着“法治”的精神。

实现行政相对人权利“有法可依”还必须有赖于单行行政法律、法规的规范，如《集会游行示威法》明确了公民行使集会、游行、示威自由过程中的行政相对人权利，包括提前3日申请的权利、各级人民政府依法保障的权利等，《出版管理条例》明确了公民行使出版自由时的行政相对人权利，《社会团体登记管理条例》明确了公民行使结社自由时的行政相对人权利，等等。应当看到，与西方法治发达国家所宣扬的“法无明文禁止即自由”相比，我国的行政相对人权利合法化还有很长的路要走。即便是与笔者所提的“法无明文禁止不违法”相比，我国亦需要在实现行政相对人权利“有法可依”方面加倍努力，如言论自由、罢工权的具体落实等。

行政相对人行为依法进行，否则依法承担行政责任，是行政相对人守法、用法的必然要求。长期以来，受“控权理论”的影响，好像行政法就仅只是规范行政权力的法，其实，行政法更是规范行政相对人权利行使即行政相对人行为的法律规范。客观地讲，梳理我国现行的单行行政法律、法规，规范行政相对人权利、行政相对人行为、行政相对人法律责任的法律规范远远多于规范行政权力、行政行为、行政主体法律责任的法律规范，如《行政处罚法》、《治安管理处罚法》、《行政强制法》等以规范侵益行政行为为主要内容的法律，即便是像《行政许可法》等以规范授益行政行为为主要内容的法律，其中也包含了大量规范行政相对人获得许可的权利、实施行政许可行为的规则以及相应法律责任的规范。因此，我们说，行政相对人守法、用法作为行政法治原则的内涵之一，必然也应当包含行政相对人行为依法进行，否则依法承担行政责任的内容。

（三）监督行政

监督行政，在行政法上，指的是行政法治监督主体对行政的依法监督，简言之，各级各类行政法治监督特别是国家监督主体对行政主体进行监督的各种法律制度健全完善并真正得到实施。这一监督强调行政法治监督主体依法产生，行政法治监督权有法可依，行政法治监督行为依法进行，否则行政法治监督主体应依法承担行政责任。这方面的规则要求跟依法行政的精神类似，不再赘述。

总之，行政法治原则，分解开来看，包括依法行政、公民守法、监督行政等内容，其核心是要求行政法律关系的主体法治、权利法治、行为法治，一句话“依法办事”。

第五章　行政权

一、行政立法权

从行政权的角度看，在我国，行政立法权是指特定行政主体根据法定权限并按法定程序制定和发布行政法规、规章、行政解释的行政权力。依据宪法、立法法及组织法的相关规定，享有行政立法权的特定行政主体仅指国务院，国务院各部、委，具有行政管理职能的直属机构，省级政府，较大的市政府，这部分行政立法权习惯上被称为依职权立法权，是行政立法权的主体。此外，依据单行法律、法规、授权决议的相关规定，其他行政主体也可以实施行政立法，这部分行政立法权习惯上被称为依授权立法权，是对依职权立法权的补充。《立法法》对行政立法权，尤其是法律保留事项、行政立法的设定权限都做了严格规定。[①]

我国的行政立法权具有立法权和行政权的双重属性。一方面，行政主体作为立法主体，进行立法活动，具有立法性质，是一种立法行为；另一方面，行政立法作为行政主体对社会公共事务进行管理的一种手段，它带有行政性质，是一种抽象行政行为。因此，行政立法权既不同于纯粹的立法权，又区别于对行政事务作出具体处理的一般行政权。它具有如下特点：（1）行政立法是从属性立法。根据我国的政体制度，行政机关由权力机关产生，对其负责、受其

① 参见《立法法》第8条、第9条、第56条、第64条、第66条、第73条。

监督，是权力机关的执行机关。行政主体立法只是对权力机关立法的延伸和具体化。所以，行政立法必须在宪法、法律规定的具体权限范围内进行，行政立法的内容和范围不得与权力机关立法的内容和范围相冲突。（2）行政立法权的主体是特定的。并不是所有的行政主体都具有行政立法权，只有行政主体中的特定行政主体才可以成为行政立法的主体，即主要是国务院，国务院各部、委，具有行政管理职能的直属机构，省、自治区、直辖市人民政府，较大的市人民政府。[①] 行政机关的行政立法权来源于《宪法》、《立法法》以及相应组织法的明确规定。（3）行政立法的形式是制定行政法规、规章和发布行政解释。行政法的渊源有很多种，包括宪法、法律、行政法规、规章和其他规范性文件等。行政立法特指特定的行政主体制定行政法规和规章的活动，并不包括他们制定其他规范性文件的活动。和其他渊源形式比起来，行政立法更具有多样性、灵活性的特点。

（一）行政法规制定权

行政法规是国务院依据宪法和法律授权制定的规范性文件。根据《立法法》第56条的规定，行政法规的立法权限包括：（1）为执行法律的规定而需要制定行政法规的事项。国务院是国家最高权力机关的执行机关，为了执行法律的规定，国务院可以根据法律制定行政法规，这属于国务院的执行性立法，必须与法律保持一致，不能超出法律规定之外创设新的权利和义务。（2）《宪法》第89

---

① 根据《立法法》第63条第4款规定："本法所称较大的市是指省、自治区的人民政府所在地的市、经济特区所在地的市和经国务院批准的较大的市。"目前，我国经济特区所在地的市有深圳、珠海、汕头、厦门、海口5个城市。国务院批准的较大的市有唐山、大同、包头、大连、鞍山、抚顺、吉林、齐齐哈尔、青岛、无锡、淮南、洛阳、重庆（后已升格为直辖市）、宁波、邯郸、本溪、淄博、徐州、苏州等19个城市。根据2013年11月21日通过的《中共中央关于全面深化改革若干重大问题的决定》，国家将逐步增加有地方立法权的较大的市的数量。

条规定的国务院的行政管理事项。根据宪法规定，国务院制定行政法规是为了执行法律的规定，或者是为了行使宪法赋予的管理职权等事项。国务院领导和管理国家各项行政工作，根据宪法和法律，可以就政治、经济、教育、科技、文化、外事等各方面制定行政法规。（3）全国人民代表大会及其常委会授权国务院制定的法律相对保留事项。法律相对保留事项是指除了犯罪和刑罚、对公民政治权利的剥夺、限制人身自由的强制措施和处罚、司法制度之外的《立法法》第8条中规定的其他事项。对这类立法事项经授权国务院可以先行制定一些暂行条例，经过实践检验，制定法律的条件成熟时，国务院应当及时提请全国人大及其常委会制定法律。行政法规一般称“条例”，也可以称“规定”、“办法”。分为章、节、条、款、项、目。国务院根据全国人大及其常委会的授权决定制定的称“暂行条例”或“暂行规定”。行政法规有以下特点：（1）从主体上看，行政法规的制定权专属于国务院，其他任何组织无权制定行政法规，这是国务院依据宪法享有的固有职权。（2）从依据上看，行政法规是依据宪法和法律而制定的，因此它具有从属法律性，其内容不得与宪法和法律相抵触。（3）从性质上看，行政法规属于法律规范的一种形式，属于“法”的范畴。效力等级仅次于宪法和法律，是法的重要渊源之一。（4）从内容上看，除专属于宪法和法律规定的内容以外，行政法规可以规范政治、经济、教育、科技、文化、外事等各个领域的国家和社会事务。这是由国务院的性质和地位所决定的。

（二）规章制定权

规章包括部门规章和政府规章。部门规章一般是指国务院各部、委员会及具有行政管理职能的直属机构根据法律和国务院的行政法规、决定、命令，在本部门的权限范围内制定的规范性文件。在我国，有部门规章制定权的行政机关包括国务院各部、委员会、中国人民银行、审计署和具有行政管理职能的直属机构，部门规章的立法事项一是属于执行法律的事项；二是属于执行国务院行政法规、决定、命令的事项，可见部门规章都属于执行性立法。部门规章在本部门的权限范围内对需要在全国范围内统一执行的事项进行规定。政府规章是指省、自治区、直辖市和较大的市人民政府，根据法律、行政法规和本省、自治区、直辖市的地方性法规制定的规范性文件。有政府规章制定权的行政机关包括省、自治区、直辖市人民政府，省、自治区人民政府所在地的市，经济特区所在地的市和经国务院批准的较大的市人民政府。政府规章立法权限包括：为了执行法律、行政法规、地方性法规的规定需要制定规章的事项；属于本行政区域内的具体行政管理事项。地方政府根据本地方的实际情况，在不与上位法相抵触的情形下作出具体规定。规章一般称"规定"、"办法"，但不得称"条例"。除内容复杂外，规章一般不分章、节。规章具有如下特征：（1）从主体看，制定规章的机关是特定的。包括国务院各部、委员会、直属机构，省、自治区、直辖市人民政府，较大的市人民政府。（2）从依据看，规章是根据国家法律、行政法规和地方性法规制定的，它是行政法规或地方性法规的具体化，在一定的事项范围内或者一定的行政区域内实施。（3）从性质看，规章也是行政法律规范的形式之一，具有普遍的适用性，但它的法律位阶层次最低。（4）从内容看，规章不是对新的权利、义务的创制，而是对法律、行政法规或者地方性法规已经规定了的权利、义务内容的一种具体化。因此，凡是法律和行政法规还没有规定的权利、义务，规章不能创制。

（三）行政解释权

行政解释是指有立法权的国家行政机关对法律、法规、规章的具体执行和适用所作的解释。这是一种法律解释，与被解释的法律、法规、规章具有同等效力。分为两类：一种是执行解释，即行政机关对上级国家机关制定的法律、法规如何具体应用所作的解释；另一种是制定解释，即行政机关对自己制定的行政法规、规章的含义和适用所作的解释。2001 年 11 月 16 日，国务院发布的《行政法规制定程序条例》第 31 条规定："行政法规条文本身需要进一步明确界限或者作出补充规定的，由国务院解释。国务院法制机构研究拟订行政法规解释草案，报国务院同意后，由国务院公布或者由国务院授权国务院有关部门公布……与行政法规具有同等效力。”对属于行政工作中具体应用行政法规的问题，省、自治区、直辖市人民政府法制机构以及国务院有关部门法制机构请求国务院法制机构解释的，国务院法制机构可以研究答复；其中涉及重大问题的，由国务院法制机构提出意见，报请国务院同意后答复。2001年11月16日公布的《规章制定程序条例》第33条规定，规章解释权属于规章制定机关。当规章的规定需要进一步明确具体含义或者规章制定后出现新的情况，需要明确适用规章依据的，由制定机关解释。

正确理解行政立法权，还需要注意区分行政立法权与行政立法之外的其他规范性文件制定权的关系。行政立法以外的其他规范性文件，俗称红头文件，在法治实践中一般称之为规定，是指各级各类国家行政机关为了执行法律、法规和规章，对社会实施管理，依法定权限和程序制定的除行政法规和规章以外的具有普遍约束力的决定、命令及行政措施等，行政措施、行政命令、行政规定等都是其他规范性文件的具体表现形式。依据宪法和地方政府组织法的规定，各级人民政府及其职能部门有权制定其他规范性文件。实践中，通报、公告、办法、细则、说明等都是其他规范性文件的表达形式。其他规范性文件的制定和行政立法在权力性质上都属于行政权，但它们之间又存在明显区别：（1）制定主体的范围不同。几乎所有的行政机关都可以制定其他规范性文件，上至国务院，下至乡、镇人民政府。而行政立法的主体只有法律规定的少数行政机关。（2）效力不同。行政法规、规章以及行政解释具有法律效力，其他规范性文件通常只具有行政行为的公定力，显然前者的效力等级高于后者，当两者出现不一致时，以行政法规、规章及行政解释为准。（3）内容不同。其他规范性文件只是就行政法规、规章的内容作进一步更详细的具体化规定，无权直接为相对人设定权利、义务。行政法规和规章则可以作出涉及相对人权利、义务的规定。(4) 制定程序不同。相关法律、法规中规定了较为严格的行政立法程序，相对而言，其他规范性文件的制定程序要简便些。(5) 后果不同。根据《行政复议法》第7条的规定，行政复议机关可受理行政相对人同具体行政行为一并提出的其他规范性文件合法性审查的申请，也就是说其他规范性文件属于行政复议的受案范围；而行政法规、规章则不属于行政复议的受案范围。

二、行政执法权

从行政管理到行政执法，不仅昭示了行政管理学与行政法学的不同，更为突出的意义在于这是一项具有重大历史意义的转变。然而，对于行政执法的确切含义，实务界和学术界始终有不同界定。在实务界，习惯上仅只将行政监督检查、实施行政处罚、采取行政强制措施等行政活动称作行政执法。在学术界，“行政执法与行政立法、行政司法相对应”,[①] 行政执法即指行政机关执行法律的行为,[②] 通常是指“行政机关及其行政执法人员为了实现国家行政管理目的，依照法定职权和法定程序，执行法律法规和规章，直接对特定的行政相对人和特定的行政事务采取措施并影响其权利义务的行为”，不包括“行政机关制定行政法规和规章等行政立法行为”以及“解决和处理与行政管理密切相关的民事争议的行政司法行为”。很显然，学术界的这一表述更符合行政执法的本来含义。在这一基础上，我们说，行政执法权是行政主体依法享有的执行法律的行政权力，它与行政立法权、行政司法权相对应，是行政权的一个重要组成部分。

随着行政法制的日益完善，行政主体拥有的行政执法权不是减

---

① 杨惠基：《行政执法概论》，上海大学出版社 1998 年版，第 1~3 页。

② 罗豪才、应松年：《行政法学》，中国政法大学出版社 1989 年版，第 133 页。

少而是增多了。过往行政管理意义上的行政处罚、行政审批、行政收费等管理权力，已经或者正在向行政法意义上的行政执法权转变。今天，行政检查权、行政许可权、行政处罚权、行政征收权、行政强制权等早已成为社会大众耳熟能详的行政执法权，其他诸如行政奖励权、行政给付权等越来越多的授益性行政执法权也正在不断走进公众视野。

（一）行政检查权

行政检查权是行政主体拥有的一项最为普遍的行政权力。从一定意义上讲，行政许可权、行政处罚权、行政征收权、行政强制权以及行政奖励权、行政给付权等行政执法权都是建立在行政检查权的行使之上的。实践中，为了满足行政上的需要，几乎所有的行政机关都在不同程度和不同方式上被赋予了行政检查权力。

我国法律文件中出现“检查”之规定始于1959年8月20日国务院批准交通部颁布的《机动车管理办法》第36条和第37条。然而，对于行政检查权的内涵，却经历了一个不断深化认识的过程。(1) 关于行政检查权主体。法律意义上的行政检查权主体是根据法律的明确授权取得行政检查权，不是随行政机关成立而自然拥有的职权。易言之，行政检查权主体是法律上明确授权或明确表示之主体，而不是将行政检查权简单地认定为所有行政主体的当然权力。(2) 关于行政检查权对象。行政检查权对象是处于被管理者地位的公民、法人和其他组织，主要通过对行政相对人的人身及相关的物、处所（场所）及行为等进行检查，以达致行政检查之目的。实践中，往往被表述为对人、物、处所、行为等的检查。(3) 关于行政检查权的目的。行政检查权的目的，直接涉及行政检查权内涵的界定。通常而言，行政检查权的设定与实施，主要是实现对行政相对人是否守法的监督检查，但更深层次上，应该是以公共安全、社会秩序等公益实现为目的。(4) 关于行政检查权的强制力问题。应当明确，行政检查权不是一般的知情权，与一般行政执法权一样具有强制力，对行政相对人产生相应的法律效力。易言之，除非法律另有规定，强制检查是行政检查权的应有之义。因此，总体而言，行政检查权是行政主体为实现公共利益，依法对行政相对人实施监督检查的行政权力。

行政检查权设定与实施，首先应以公益实现为目的，同时兼顾人权保障问题。这就要求行政检查权的设定与实施必须在公益实现与人权保障之间进行适度平衡。[①] 这种平衡唯有遵循行政检查法治这一核心原则方可实现。对于行政检查权的设定，根据行政检查权的特性，行政机关行政检查权的设定应当在组织法层面予以规定，法律、法规、规章授权组织的行政检查权设定应当在相应的法律、法规和规章中予以明确。其中根据宪法精神，检查身体、住宅、信件等只能由法律设定。为避免行政检查权的滥用，应当明确其他规范性文件一般不能设定行政检查权。对于行政检查权的实施，涉及实施主体、实施方式、实施程序等问题。行政检查权的实施主体，应当是具有行政检查权的县级以上人民政府工作部门和法律、法规和规章授权的具有公共管理职能的组织，各类派出机关和派出机构可以以派出机关的名义实施行政检查权。值得一提的是，应当借鉴相对集中行政处罚权制度、相对集中行政许可权制度的成功经验，选取一些领域，如食品、药品等建立相对集中行政检查权制度。行政检查权的实施方式很多，如审查（年检、年度注册等）、普查、抽查、调查、检查等，《行政许可法》明确规定行政机关应当通过核查材料、监督检查（包括实地检查、定期检查）等方式监督被许可人从事行政许可活动。至于行政检查权的实施程序，因行政检查权实施方式的不同，行政检查权的实施程序也不尽相同。下面以质量行政检查中避免重复检查为例对行政检查权的实施问题加以说明。

2000 年 7 月 8 日通过的《产品质量法》第 15 条规定："国家

① 沈军：《中国行政检查问题研究》，载罗豪才主编：《行政法论丛》（第 8 卷），法律出版社 2005 年版，第 319 ~ 342 页。

对产品质量实行以抽查为主要方式的监督检查制度……监督抽查工作由国务院产品质量监督部门规划和组织。县级以上地方产品质量监督部门在本行政区域内也可以组织监督抽查。法律对产品质量的监督检查另有规定的，依照有关法律的规定执行。国家监督抽查的产品，地方不得另行重复抽查；上级监督抽查的产品，下级不得另行重复抽查……”2006 年 4 月 29 日通过的《农产品质量安全法》第 34 条第 2 款规定：“……上级农业行政主管部门监督抽查的农产品，下级农业行政主管部门不得另行重复抽查。”但要真正全面建构避免重复检查机制，仍需从检产品质量检查频度设定、理顺质量监管体制、完善实施程序等方面探索。

首先，合理设定产品质量监督检查周期。第一，对低风险的产品可放宽检查周期。根据产品质量在一定时期内的优劣，决定是否放宽检查期限。这是“在政府资源有限情况下的一种可选择的、有效的风险治理优先次序的安排”。[①] 第二，对企业标准严于国家有关标准的产品，可考虑放宽检查期限；对尚缺少国家有关标准的产品不宜放宽检查。第三，不得将免复检产品扩及同一批次的一类产品以外的其他产品。第四，事先确定抽检范围并检查合格的产品，没有特殊情况不得随意再行抽检。第五，对质量长期稳定的产品可选择减少抽查次数和频度。第六，产品质量检查周期不能一刀切，应依产品种类不同而定，如可根据产品的保质期等属性不同分别确定周期等。第七，将检查周期公告企业，便于相对人监督救济。

其次，依法理顺质量行政检查体制。立足创新社会管理和科学治理的目标，可考虑将卫生、农业、工商、食品药品监督管理以及畜牧兽医主管部门等行政机关的质量监督职能并入质量监督部门，探索建立职责有机统一的产品质量监督大部门协调机制。可借鉴相

---

① 沈岿：《食品免检制之反思——以风险治理为视角》，载《法商研究》2009 年第 3 期。

对集中行政处罚权制度和相对集中行政许可权制度的成功经验，统筹行政检查质量监督检查权。同时，强化各级各部门分类、分级、属地管辖落实质量监督职责。实行质量行政检查“首检”负责制。具体来说：（1）对产品质量的抽查，原则上由质量监督部门行使管辖权。确需其他部门配合的，由质量监督部门组织协调。（2）属地管辖。对于产品的质量监督抽查，除法定特别情况以外，应实行在生产者所在地抽样的制度。（3）级别管辖。按照对人体健康、国计民生的重要程度，质量抽查实行国家、省级、设区的市级质量监督部门分级管辖制度。（4）指定管辖。对某些检测条件和能力要求较高的特殊产品，可由省级质量监督部门依法指定下级或委托专业机构实施检查。（5）各级质量监督部门要定期向同级人民政府和上级主管部门报告当地产品质量检查状况，接受同级人民政府和上级主管部门的监督。（6）产品依法经生产者所在地质量监督部门（包括级别管辖主体）抽查后，其他质量行政主体不得再介入检查。（7）严格规定可复检条件，如食物中毒等公共危机出现，遇消费者举报、投诉等情形，质量行政主体可以酌情对产品进行质量监督检查，并及时将抽查结果通报企业归属地同级人民政府。这方面学界和实务界深入研究的空间还很大。

最后，用法律程序保证落实“免复检”制度。第一，各级各类质量行政主体应实行产品受检情况备案制度，形成受检产品记录，避免质量监督检查的随意性，客观上为免复检提供证据性证明。第二，列入免检范围的产品，应由企业和政府同步电子化备案，便于监督行政执法检查行为。第三，质量监督部门对被抽查的产品，应当向生产者及时颁发该批次产品的质检证书。第四，产品质量检查不得向生产者收取任何费用。第五，产品生产者、销售者经出示该批次产品的质检证书，质量行政检查主体原则上不得对该批次产品另行重复检查。

（二）行政许可权

行政许可权是行政主体的一项非常重要的行政职权，我国目前已经制定了统一的《行政许可法》。该法共八章，83 条，包括总则、行政许可的设定、实施机关、实施程序、费用、监督检查、法律责任、附则。值得注意的是，国外多以单行法确定许可事项，目前世界尚无一个国家有专门的《行政许可法》。

从总的趋势看，行政许可的概念是发展变化的。传统上认为行政许可是对普通禁止行为的个别解禁的认识已显不足，现在的行政许可，是对法律规定了限制条件的事项，行政机关根据申请，允许符合条件的申请人从事某种活动的行为。行政相对人获得许可，从普遍禁止理论下少数人的“特权”演变为今天一般公民都能得到的权利，是特权向公民普遍权利的回归。具体指行政机关根据公民、法人或其他组织的申请，经依法审查，准予其从事特定活动的行为。此外，已经获得行政许可，被许可人要求变更行政许可事项或者延续有效期的，也属于行政许可的范畴。其特征主要是：（1）行政许可是一种依申请的具体行政行为；（2）行政许可是一种采用颁发许可证、执照、批准文件等形式的要式行政行为；（3）行政许可是行政主体赋予行政相对人某种法律资格或法律权利的行政行为。根据《行政许可法》的规定，行政许可权主要包括行政许可的设定权、行政许可的实施权和行政许可的监督权三部分内容。

1. 行政许可权的设定

行政许可权的设定，实际是指哪一级国家机关或哪一类性质的国家机关通过何种方式设定何种行政许可事项，亦即谁有权设定行政许可权和哪些事项应当或可以设定行政许可权。

2003 年 8 月 27 日通过的《行政许可法》第 12 条规定，下列事项可以设定行政许可：（1）普通许可事项，主要是直接涉及国家安全、公共安全、经济宏观调控、生态环境保护以及直接关系人身健康、生命财产安全等特定活动，需要按照法定条件予以批准的事项。特征主要有：一般无数量限制；能否取得许可与申请人自身条件有关；许可事项不得转让。（2）特许事项，主要是有限自然资源开发利用、公共资源配置以及直接关系公共利益的特定行业的市场准入等，需要赋予特定权利的事项。特征主要有：一般有数量限制；行政许可实施主体应当通过招标、拍卖等公平竞争的方式作出决定；申请人取得该许可通常应当支付一定费用；该许可事项可以在被许可人和符合条件的公民、法人或其他组织之间依法转让、继承。（3）认可事项，主要是提供公众服务并且直接关系公共利益的职业、行业，需要确定具备特殊信誉、特殊条件或者特殊技能等资格、资质的事项。特征主要有：一般都要通过考试或严格考核方式并根据考试或考核结果决定是否予以许可；一般无数量限制；行政机关一般无自由裁量权，赋予公民特定资格，依法应当举行国家考试的，行政机关根据考试成绩和其他法定条件作出行政许可决定，赋予法人或者其他组织特定的资格、资质的，行政机关根据申请人的专业人员构成、技术条件、经营业绩和管理水平等的考核结果作出行政许可决定；资格、资质的许可与申请人身份、资格相联系，资格、资质证书不能转让。（4）核准事项，主要是直接关系公共安全、人身健康、生命财产安全的重要设备、设施、产品、物品，需要按照技术标准、技术规范，通过检验、检测、检疫等方式进行审定的事项。特征主要有：依据主要是技术性、专业性的标准；没有数量限制，主要是根据实地检验、检疫等方式作出决定；一般无自由裁量权；许可与申请事项的自身条件有关，许可证件不得转让。（5）登记事项，主要是企业或者其他组织的设立等需要确定主体资格的事项。特征主要有：未经许可取得主体资格不得从事相关社会经济活动，也不受法律保护；没有数量限制；行政机关一般无自由裁量权；许可不得转让。（6）行政许可的事项还包括法律、行政法规规定可以设定行政许可的其他事项。根据《行政许可法》第13条的规定，上述许可事项，通过下列方式能够予以规范的，可以不设行政许可：（1）公民、法人或者其他组织能够自主决定的；（2）市场竞争机制能够有效调节的；（3）行业组织或者中介机构能够自律管理的；（4）行政机关采用事后监督等其他行政管理方式能够解决的。

现代社会，行政许可权一般通过法设定。在我国，根据《行政许可法》第14条至第17条之规定，法律、行政法规、地方性法规以及规章都具有一定的行政许可设定权。（1）法律可以设定行政许可。根据法律保留原则，行政许可原则上首先由法律设定。（2）尚未制定法律的，行政法规可以设定行政许可。值得注意的是，必要时，国务院可以采用发布决定的方式设定行政许可，这种不同于法设定的行政许可设定方式，实际上是行政应急性原则在行政许可领域的体现。上述行政许可实施后，除临时性行政许可事项外，国务院应当及时提请全国人民代表大会及其常务委员会制定法律，或者自行制定行政法规。（3）尚未制定法律、行政法规的，地方性法规可以设定行政许可。尚未制定法律、行政法规、地方性法规的，因行政管理的需要，省级政府规章可以设定临时性行政许可；临时性的行政许可实施满一年需要继续实施的，应当提请本级人民代表大会及其常务委员会制定地方性法规。地方性法规和省、自治区、直辖市人民政府规章，不得设定应当由国家统一确定的公民、法人或者其他组织的资格、资质的行政许可；不得设定企业或者其他组织的设立登记及其前置性行政许可。其设定的行政许可，不得限制其他地区的个人或者企业到本地区从事生产经营和提供服务，不得限制其他地区的商品进入本地区市场。（4）部委规章、较大市的政府规章、除国务院决定之外的其他行政规范性文件不得设定行政许可。

2. 行政许可权的实施

行政许可权的实施，指的是依法实施法律、法规规定的行政许可权的行政机关或组织，依照法定依据和法定程序对公民、法人或其他组织的申请给予行政许可。行政许可权的实施，主要包括两方面的内容，一是行政许可权的实施主体，二是行政许可权的实施程序。

根据行政许可法的规定，行政许可权的实施主体有两类：（1）行政机关。作为行政许可实施主体的行政机关分三种，一种是具有行政许可权的行政机关在其法定职权范围内可以实施行政许可；另一种是受委托行政机关在委托范围内，以委托行政机关名义实施行政许可权。其中后一种情形要求委托机关在其法定职权范围内，依照法律、法规、规章的规定委托，而且委托机关应当将受委托行政机关和受委托实施行政许可的内容予以公告，委托行政机关对受委托行政机关实施行政许可的行为应当负责监督，并对该行为的后果承担法律责任。受委托行政机关不得再委托其他组织或者个人实施行政许可。除上述两种情形外，根据《行政许可法》第25条的规定："经国务院批准，省、自治区、直辖市人民政府根据精简、统一、效能的原则，可以决定一个行政机关行使有关行政机关的行政许可权。"此即行政许可领域的相对集中行政许可权制度。（2）被授权组织，即法律、法规授权的具有管理公共事务职能的组织，在法定授权范围内，以自己的名义实施行政许可。被授权的组织适用《行政许可法》有关行政机关的规定。根据《行政许可法》第28条的规定："对直接关系公共安全、人身健康、生命财产安全的设备、设施、产品、物品的检验、检测、检疫，除法律、行政法规规定由行政机关实施的外，应当逐步由符合法定条件的专业技术组织实施。专业技术组织及其有关人员对所实施的检验、检测、检疫结论承担法律责任。"这一规定实际上明确了核准事项逐步由被授权组织实施行政许可的法治趋向。此外，根据《行政许可法》的规定，行政许可需要行政机关内设的多个机构办理的，该行政机关应当确定一个机构统一受理行政许可申请，统一送达行政许可决定。行政许可依法由地方人民政府两个以上部门分别实施的，本级人民政府可以确定一个部门受理行政许可申请并转告有关部门分别提出意见后统一办理，或者组织有关部门联合办理、集中办理。

根据《行政许可法》的规定，行政许可权的实施程序由行政许可相对人申请，行政许可实施主体受理、审查、决定、撤销、注销等环节构成。

行政许可相对人申请，指的是公民、法人或者其他组织从事特定活动，依法需要取得行政许可的，应当向行政许可实施主体提出申请。除依法应当由申请人到行政许可实施主体办公场所提出行政许可申请的除外，申请人一般可以委托代理人提出行政许可申请。行政许可申请可以通过信函、电报、电传、传真、电子数据交换和电子邮件等方式提出。申请书需要采用格式文本的，行政许可实施主体应当向申请人提供行政许可申请书格式文本。申请人申请行政许可，应当如实向行政许可实施主体提交有关材料和反映真实情况，并对其申请材料实质内容的真实性负责。行政许可实施主体应当将法律、法规、规章规定的有关行政许可的事项、依据、条件、数量、程序、期限以及需要提交的全部材料的目录和申请书示范文本等在办公场所公示。申请人要求行政许可实施主体对公示内容予以说明、解释的，行政许可实施主体应当说明、解释，提供准确、可靠的信息。行政许可实施主体还应当建立和完善有关制度，推行电子政务，在其网站上公布行政许可事项，方便申请人采取数据电文等方式提出行政许可申请，并应当与其他行政机关共享有关行政许可信息，提高办事效率。

在受理环节，行政许可实施主体对申请人提出的行政许可申请，应当根据下列情况分别作出处理：（1）告知申请人不受理。申请事项依法不需要取得行政许可的，应当即时告知申请人不受理。（2）作出不予受理决定。申请事项依法不属于本实施主体职权范围的，应当即时作出不予受理的决定，并告知申请人向有关主体申请。（3）受理。申请材料存在可以当场更正的错误的，应当允许申请人当场更正，申请材料不齐全或者不符合法定形式的，应当场或者在5日内一次告知申请人需要补正的全部内容，逾期不告知的，自收到申请材料之日起即为受理；申请事项属于本主体职权范围，申请材料齐全、符合法定形式，或者申请人按照本主体的要求提交全部补正申请材料的，应当受理行政许可申请。行政许可实施主体受理或者不予受理行政许可申请，还应当出具加盖本主体专用印章和注明日期的书面凭证。

在审查环节，申请人提交的申请材料齐全、符合法定形式，行政许可实施主体能够当场作出决定的，应当场作出书面的行政许可决定。特别是针对登记事项，申请人提交的申请材料齐全、符合法定形式的，行政机关应当场予以登记。只有需要对申请材料的实质内容进行核实的，行政许可实施主体才依照下列普通程序办理。对于根据法定条件和程序，需要对申请材料的实质内容进行核实的，行政许可实施主体应当指派两名以上工作人员进行核查，并应当自受理行政许可申请之日起20日内作出行政许可决定。20日内不能作出决定的，除法律、法规另有规定外，经本实施主体负责人批准，可以延长10日，并应当将延长期限的理由告知申请人。对于依法应当先经下级行政机关审查后报上级行政机关决定的行政许可，下级行政机关应当自其受理行政许可申请之日起20日内审查完毕（法律、法规另有规定的依照其规定），将初步审查意见和全部申请材料直接报送上级行政机关。对于行政许可采取统一办理或者联合办理、集中办理的，办理的时间不得超过45日；45日内不能办结的，经本级人民政府负责人批准，可以延长15日，并应当将延长期限的理由告知申请人。行政许可实施主体实施检验、检测、检疫，应当自受理申请之日起5日内指派两名以上工作人员按照技术标准、技术规范进行检验、检测、检疫。不需要对检验、检测、检疫结果作进一步技术分析即可认定设备、设施、产品、物品是否符合技术标准、技术规范的，行政机关应当场作出行政许可决定。行政机关根据检验、检测、检疫结果，作出不予行政许可决定的，应当书面说明不予行政许可所依据的技术标准、技术规范。此外，行政许可实施主体对行政许可申请进行审查时，发现行政许可事项直接关系他人重大利益的，应当告知该利害关系人。申请人、利害关系人有权进行陈述和申辩。行政许可实施主体应当听取申请人、利害关系人的意见。

需要特别指出的是，法律、法规、规章规定实施行政许可应当听证的事项，或者行政许可实施主体认为需要听证的其他涉及公共利益的重大行政许可事项，行政许可实施主体还应当向社会公告并举行听证。行政许可直接涉及申请人与他人之间重大利益关系的，行政许可实施主体在作出行政许可决定前，应当告知申请人、利害关系人享有要求听证的权利；申请人、利害关系人在被告知听证权利之日起5日内提出听证申请的，行政许可实施主体应当在20日内组织听证。听证按照下列程序进行：（1）行政许可实施主体应当于举行听证的7日前将举行听证的时间、地点通知申请人、利害关系人，必要时予以公告；（2）听证应当公开举行；（3）行政许可实施主体应当指定审查该行政许可申请的工作人员以外的人员为听证主持人，申请人、利害关系人认为主持人与该行政许可事项有直接利害关系的，有权申请回避；（4）举行听证时，审查该行政许可申请的工作人员应当提供审查意见的证据、理由，申请人、利害关系人可以提出证据，并进行申辩和质证；（5）听证应当制作笔录，听证笔录应当交听证参加人确认无误后签字或者盖章。行政许可实施主体应当根据听证笔录，作出行政许可决定。行政许可实施主体作出行政许可决定，依法需要听证、招标、拍卖、检验、检测、检疫、鉴定和专家评审的，所需时间不计算在规定的期限内。

在决定环节，对于申请人的申请符合法定条件、标准的，行政许可实施主体应当在规定的审查期限内依法作出准予行政许可的书面决定。行政许可实施主体作出准予行政许可的决定，需要颁发行政许可证件的，应当自作出决定之日起10日内向申请人颁发、送达加盖许可主体印章的行政许可证件，如许可证、执照或者其他许可证书，资格证、资质证或者其他合格证书，行政机关的批准文件或者证明文件，法律、法规规定的其他行政许可证件，或者在检验、检测、检疫合格的设备、设施、产品、物品上加贴标签，加盖检验、检测、检疫印章，同时将作出的准予行政许可决定公开以便公众查阅。对于有数量限制的行政许可，两个或者两个以上申请人的申请均符合法定条件和标准的，除法律、行政法规另有规定外，行政许可实施主体根据受理行政许可申请的先后顺序作出准予行政许可的决定。对于认为申请人的申请不符合法定条件、标准的，行政许可实施主体依法作出不予行政许可的书面决定，但应当说明理由，并告知申请人享有依法申请行政复议或者提起行政诉讼的权利。

此外，被许可人要求变更行政许可事项的，应当向作出行政许可决定的行政许可实施主体提出申请，符合法定条件、标准的，行政机关应当依法办理变更手续。被许可人需要延续依法取得的行政许可有效期的，除法律、法规、规章另有规定外，应当在该行政许可有效期届满30日前向作出行政许可决定的行政机关提出申请。行政机关应当根据被许可人的申请，在该行政许可有效期届满前作出是否准予延续的决定，逾期未作决定的，视为准予延续。

需要着重指出的是，行政主体实施行政许可所需经费列入本行政机关的预算，由本级财政予以保障，按照批准的预算予以核拨。除法律、行政法规另有规定外，行政机关实施行政许可和对行政许可事项进行监督检查，不得收取任何费用。包括行政机关提供行政许可申请书格式文本不得收费，申请人、利害关系人不承担行政机关组织听证的费用等。行政机关实施行政许可，依照法律、行政法规收取费用的，应当按照公布的法定项目和标准收费；所收取的费用必须全部上缴国库，任何机关或者个人不得以任何形式截留、挪用、私分或者变相私分。财政部门不得以任何形式向行政机关返还或者变相返还实施行政许可所收取的费用。

在撤销环节，根据《行政许可法》第69条的规定："有下列情形之一的，作出行政许可决定的行政机关或者其上级行政机关，根据利害关系人的请求或者依据职权，可以撤销行政许可：（一）行政机关工作人员滥用职权、玩忽职守作出准予行政许可决定的；（二）超越法定职权作出准予行政许可决定的；（三）违反法定程序作出准予行政许可决定的；（四）对不具备申请资格或者不符合法定条件的申请人准予行政许可的；（五）依法可以撤销行政许可的其他情形。被许可人以欺骗、贿赂等不正当手段取得行政许可的，应当予以撤销……”

在注销环节，根据《行政许可法》第70条的规定：“有下列情形之一的，行政机关应当依法办理有关行政许可的注销手续：（一）行政许可有效期届满未延续的；（二）赋予公民特定资格的行政许可，该公民死亡或者丧失行为能力的；（三）法人或者其他组织依法终止的；（四）行政许可依法被撤销、撤回，或者行政许可证件依法被吊销的；（五）因不可抗力导致行政许可事项无法实施的；（六）法律、法规规定的应当注销行政许可的其他情形。”

3. 行政许可权的监督

行政许可权的监督包括行政许可设定的监督与行政许可实施的监督。在设定方面，违法设定的行政许可，有关机关应当责令设定机关改正，或者依法予以撤销。在实施方面，上级行政机关应当加强对下级行政机关实施行政许可的监督检查。

（三）行政处罚权

行政处罚权是行政主体最为重要的行政执法权之一，是行政主体进行行政管理、维护社会公共秩序的重要权力，在国家管理活动中发挥着重要作用。1996年制定的《行政处罚法》、2005年修订通过的《治安管理处罚法》，对行政处罚的原则、种类和设定、实施机关、管辖和适用、处罚程序等内容作了统一明确的规定，不仅为行政执法机关正确实施行政处罚提供了法律依据，而且对保障和监督行政主体有效实施行政管理，保护公民、法人和其他组织的合法权益，具有十分重要的意义。

行政处罚是指行政主体依法对违反行政法律规范的公民、法人或其他组织所给予的法律制裁。从不同的视角看，对行政处罚可以有不同的理解。从行为的角度，行政处罚是行政主体依法实施的一类非常重要的行政执法行为；从责任的角度，行政处罚无疑是行政相对人依法承担的一类非常重要的行政法律责任；从权力的角度，行政处罚更是行政主体不可或缺的一项重要行政执法权。实践中，要注意区别行政处罚与行政处分、刑罚的不同。

按照《行政机关公务员处分条例》的规定，行政处分是行政机关对公务员违反法律、法规、规章以及行政机关的决定和命令的行为而实施的一种惩戒措施。它和行政处罚的区别主要表现为以下几个方面：（1）主体不同。行政处罚是具有行政处罚权的行政主体对行政相对人作出，而行政处分是由公务员所在机关或上级机关、监察机关等对公务员作出。（2）性质不同。行政处罚主要适用于对外管理领域，行为性质属于外部行政行为；行政处分则适用于行政机关系统内部的管理，行为性质属于内部行政行为。（3）内容不同。行政处罚的内容有警告、罚款、没收违法所得、没收非法财物、责令停产停业、暂扣或者吊销许可证、暂扣或者吊销执照、行政拘留等；行政处分则是警告、记过、记大过、降级、撤职和开除六种方式。（4）依据不同。行政处罚所依据的是有关行政管理的法律规范，如《治安处罚法》、《土地管理法》等；而行政处分则由有关公务员的法律规范调整，如《公务员法》、《行政监察法》、《行政机关公务员处分条例》等。（5）救济途径不同。对行政处罚不服的，除法律、法规另有规定外，相对方可依据《行政复议法》、《行政诉讼法》的规定，申请行政复议或提起行政诉讼；而对行政处分不服的，被处分的公务员可以依照《公务员法》、《行政监察法》的有关规定，向原处理机关、同级公务员主管部门或者作出该人事处理的机关的上一级机关或行政监察部门申请复核或者申诉。

刑罚是司法机关对刑事犯罪分子给予的法律制裁。刑罚与行政处罚的区别主要表现为：（1）处罚机关不同。行政处罚是由享有行政处罚权的行政主体作出的，刑罚是由司法机关（人民法院）作出的。（2）行为性质不同。行政处罚是由行政主体运用行政职权作出的行为，其行为性质是行政行为；刑罚是由司法机关运用司法职权作出的，其行为性质是司法行为。（3）适用对象不同。行政处罚针对行政违法行为，而刑罚针对的是触犯国家刑律构成犯罪的行为。（4）处罚种类不同。行政处罚的种类包括警告、罚款、没收违法所得、非法财物、责令停产停业等。刑罚种类由《刑法》明确规定，有五种主刑，即管制、拘役、有期徒刑、无期徒刑、死刑。有三种附加刑，即罚金、剥夺政治权利、没收财产。（5）处罚程序不同。行政处罚是由行政主体按照行政程序作出，刑罚由司法机关按照刑事诉讼程序判处。

1. 行政处罚权的设定

行政处罚权的设定，是指哪些有权机关可以依法设定何种类型行政处罚，亦即谁有权设定行政处罚权和设定何种类型的行政处罚权。

根据《行政处罚法》第 8 条及其他相关法律、法规的规定，行政处罚的种类主要有四类八种：

（1）申诫罚，亦称声誉罚、精神罚，是指对违法行为人予以谴责和告诫，使其名誉、荣誉、信誉或其他精神上的利益受到一定损害的处罚措施。其主要形式有警告、通报批评。警告是指具有处罚权的行政主体对违法者实施的一种书面形式的谴责和告诫。警告一般适用于情节轻微或未构成实际危害结果的违法行为，既可单处也可并处。通报批评是指具有处罚权的行政主体以公开、公布的方式，使被处罚人的名誉权受到损害，既制裁、教育违法者，又可广泛地教育他人的一种行政处罚形式。通报批评虽然和警告一样都是对违法者予以谴责和告诫，但它们也有区别：第一，警告适用的范围要广泛。它既可适用于自然人，也可适用于法人或其他组织，而通报批评只适用于法人或其他组织而不适用于自然人。第二，警告主要是对被处罚人在精神上造成一定损害，而通报批评则是对被处罚人的荣誉或信誉造成损害。第三，通报批评造成的影响大，主要通过报刊或政府文件在一定范围内公开、公布，而警告只是直接下达被处罚人。第四，警告可单处亦可并处，而通报批评往往单独使用。

（2）财产罚，即强制违法行为人交纳一定数额的金钱和物品，以使其财产上的权益受到损害的处罚措施。一般适用于以营利为目的或者给公共利益造成损害的行政违法活动，其主要形式有罚款、没收（没收违法所得或非法财物）。罚款是指有处罚权的行政主体强制违法行为人承担金钱给付义务的处罚形式。没收是由行政主体实施的将违法行为人的部分或全部违法收入、物品或其他非法占有的财物收归国家所有的处罚方式。没收的对象通常是违法者的违法所得及非法占有的利益、从事违法活动所使用的工具和违禁品等。因此，没收财物的行政处罚又可具体包括没收违法所得和非法财物。

（3）行为罚，亦称能力罚，即限制和剥夺违法行为人某种行为能力，使其不能从事某种活动的处罚措施。其主要形式有责令停产停业、暂扣或吊销许可证、执照。责令停产停业作为限制违法相对方从事生产、经营活动的处罚形式，是责令违法者暂时停止其所从事的生产经营活动，一旦违法者在一定期限内及时纠正了违法行为，按期履行了法定义务，仍可继续从事曾被停止的生产经营活动，无须重新申请领取有关许可证和执照。责令停产停业一般适用于生产经营者实施了比较严重的违法行为，其行为后果比较严重。暂扣、吊销许可证和执照，是中止或取消相对方从事某种许可权利或资格的处罚，暂扣、吊销许可证和执照适用的条件是在对违法者实施其他形式的行政处罚不足以实现制裁目的时，还需要中止或禁止其从事某种职业活动，如根据《治安管理处罚法》第54条的规定，对未经许可擅自经营按照国家规定需要由公安机关许可的行业的，予以取缔。这里的“取缔”，实际上就是吊销按照有关法律、行政法规和国务院决定的有关规定需要由公安机关许可的旅馆业、典当业、公章刻制业、保安培训业等行业的许可证。

（4）人身罚，即有处罚权的行政主体在一定期限内对违法行为人的人身自由权进行限制或剥夺的行政处罚措施。《行政处罚法》只规定了行政拘留的人身罚，并在第9条明确规定了“限制人身自由的行政处罚只能由法律设定”。1991年11月1日，国务院新闻办公室发表的《中国的人权状况》指出，劳动教养是一种行政处罚，但也有部分学者认为劳动教养是一种行政强制措施。[1]另外，根据《治安管理处罚法》的规定，对违反治安管理的外国人，可以附加适用限期出境或者驱逐出境，这实际上也属于一种人身自由罚。行政拘留是对违反行政管理秩序的人，依法在短期内限制其人身自由的一种处罚。行政拘留既不同于刑事拘留，也不同于司法拘留。刑事拘留是公安机关对罪该逮捕的现行犯或重大犯罪嫌疑人实施的一种强制措施，司法拘留是人民法院对妨碍民事诉讼、行政诉讼的行为人采取的一种限制其人身自由的强制措施。行政拘留与刑事拘留虽然都是由公安机关作出的，但行政拘留权属于行政权的范围，为行政法所规定，遵循行政程序，其目的是对违反治安管理的相对方进行制裁。而刑事拘留权是司法权的组成部分，刑事拘留为刑事诉讼法所规定，按司法程序进行。刑事拘留的目的是为了防止现行犯或犯罪嫌疑人对社会造成危害。行政拘留是行政处罚中最为严厉的处罚种类，一般适用于严重违反治安管理规范的行为人，并且只有在使用警告、罚款处罚不足以惩戒违法者时才适用。按照《治安管理处罚法》的规定，行政拘留由县级以上公安机关决定。行政拘留的期限一般为1日以上15日以下，有两种以上违反治安管理行为的，分别决定合并执行的，最长不超过20日。目前，关于行政拘留的法律主要有《行政处罚法》、《治安管理处罚法》、《集会游行示威法》、《戒严法》、《出境入境管理法》等。劳动教养是对有轻微犯罪行为，但尚不够刑事处罚条件且有劳动能力的人实行强制性教育改造的处罚措施。我国的劳动教养制度是根据1957年8月1日全国人大常委会第78次会议批准颁布的《关于劳动教养问题的决定》以及《国务院关于劳动教养问题的决定》、《国务院关于劳动教养的补充规定》和1982年1月21日国务院转发、公安部发布的《劳动教养试行办法》建立的。需要实行劳动

---

① 罗豪才、湛中乐主编：《行政法学》（第2版），北京大学出版社2006年版，第227页。

教养的人，均由省、自治区、直辖市和大中城市的劳动教养管理委员会审查决定，劳动教养的期限为1年至3年，必要时可延长1年。《治安管理处罚法》第76条规定，对有“引诱、容留、介绍他人卖淫”，“制作、运输、复制、出售、出租淫秽的书刊、图片、影片、音像制品等淫秽物品或者利用计算机信息网络、电话以及其他通讯工具传播淫秽信息”，“以营利为目的，为赌博提供条件的，或者参与赌博赌资较大的”行为，“屡教不改的，可以按照国家规定采取强制性教育措施”。这里的“强制性教育措施”实际就是指劳动教养；“按照国家规定”就是指按照《治安管理处罚法》和其他有关劳动教养的法律、行政法规的规定。2013年12月28日，全国人大常委会通过了关于废止有关劳动教养法律规定的决定，劳动教养正式退出历史舞台。

需要特别指出的是，《行政处罚法》第8条第（七）项明确行政处罚的种类还包括法律、行政法规规定的其他行政处罚。这就为行政处罚的种类预留了很大的空间。例如，《教育法》第79条规定，“在国家教育考试中作弊的，由教育行政部门宣布考试无效”。宣布考试无效显然就是一种全新的教育行政处罚种类。

行政处罚作为最重要的行政执法权，应当由法设定。根据《行政处罚法》的规定，法律、行政法规，地方性法规和规章区别不同处罚种类可以设定相应的行政处罚。（1）法律可以设定各种行政处罚，而且限制人身自由的行政处罚，只能由法律设定。（2）行政法规可以设定除限制人身自由以外的行政处罚，但是法律对违法行为已经作出行政处罚规定、行政法规需要作出具体规定的，必须在法律规定的给予行政处罚的行为、种类和幅度的范围内规定。（3）地方性法规可以设定除限制人身自由、吊销企业营业执照以外的行政处罚，但是法律、行政法规对违法行为已经作出行政处罚规定，地方性法规需要作出具体规定的，必须在法律、行政法规规定的给予行政处罚的行为、种类和幅度的范围内规定。（4）规章可以在法律、法规规定的给予行政处罚的行为、种类和幅度的范围内作出具体规定。尚未制定法律、法规的，规章对违反行政管理秩序的行为，可以设定警告或者一定数量罚款的行政处罚。罚款的限额由国务院或省、自治区、直辖市人民代表大会常务委员会规定。(5) 其他规范性文件不得设定行政处罚。

2. 行政处罚权的实施

行政处罚权的实施是指具有行政处罚权的行政机关及组织依法实施行政处罚，包括行政处罚的实施主体、行政处罚的实施程序、行政处罚的适用等内容。

行政处罚的实施主体包括行政机关，法律、法规授权的组织，受托组织。除法律、行政法规另有规定外，行政处罚由违法行为发生地的县级以上地方人民政府具有行政处罚权的行政机关在法定职权范围内实施。法律、法规授权的具有管理公共事务职能的组织可以在法定授权范围内实施行政处罚。行政机关依照法律、法规或者规章的规定，可以在其法定权限内委托符合《行政处罚法》第 19 条规定条件的组织实施行政处罚，但不得委托其他组织或者个人实施行政处罚。受委托组织在委托范围内，以委托行政机关名义实施行政处罚；不得再委托其他任何组织或者个人实施行政处罚。委托行政机关对受委托的组织实施行政处罚的行为应当负责监督，并对该行为的后果承担法律责任。此外，国务院或者经国务院授权的省、自治区、直辖市人民政府可以决定一个行政机关行使有关行政机关的行政处罚权，但限制人身自由的行政处罚权只能由公安机关行使，此即行政处罚领域的相对集中行政处罚权制度。

行政处罚的实施程序，包括行政处罚的决定和行政处罚执行。行政处罚的决定包括简易程序、一般程序和听证程序三种，行政处罚的执行包括当场执行、事后执行两种。

(1) 行政处罚的简易程序，也称当场处罚程序，系指行政处罚实施机关对于事实清楚、情节简单、后果轻微的违反行政管理秩序的行为当场给予处罚的程序。适用简易程序必须同时具备三个方面的条件：①违法事实确凿，即当场能够有充分的证据确认违法事实，无须进一步调查取证。②有法定依据，即对这种违法行为实施行政处罚，法律、法规或规章有明确的规定。③处罚较轻。按照《行政处罚法》的规定，对个人处以50元以下的罚款或者警告，对组织处以1000元以下罚款或者警告；按照《治安管理处罚法》的规定，处警告或者200元以下罚款的，可以当场作出治安管理处罚决定。根据《行政处罚法》、《治安管理处罚法》的规定，简易程序的内容包括：①表明身份。实施处罚的人员应向当事人出示执法证件，证明自己有权对当事人实施处罚。②说明处罚理由和告知权利。实施处罚的人员应主动向当事人说明其违法行为的事实，说明其违反的法律规范和给予行政处罚的理由和依据，并告知当事人有权进行陈述和申辩。③听取当事人的陈述和申辩，制作笔录。实施处罚的人员要认真听取当事人的陈述和申辩，不得因当事人的申辩而加重处罚。同时，实施处罚的人员对当事人的违法行为的客观状态当场制作笔录。④制作处罚决定书。当场处罚决定书应是由有关机关或组织统一制作的有格式、有编号的处罚决定书，由执法人员填写。处罚决定书制作后，应当场交付被处罚人。⑤备案。执法人员当场作出的行政处罚决定，必须向所属行政机关备案，以便接受监督和检查。

（2）行政处罚的一般程序又称普通程序，是行政处罚中的一个基本程序，除法律、法规另有规定外，任何一个行政处罚决定必须适用一般处罚程序。行政处罚的一般程序包括以下几个步骤：①立案。行政处罚实施机关通过各种渠道知悉相对人实施了违法行为，应先予以立案。②调查取证。行政相对人的违法行为立案后，行政处罚实施机关即应客观全面公正地调查收集有关证据。必要时，依照法律、法规的规定可以进行检查。行政机关在调查或者进行检查时，执法人员不得少于两人，并应当向当事人或者有关人员出示表明身份的证件。对违反治安管理行为人，需要传唤违反治安管理行为人接受调查的，公安机关传唤后应当及时询问查证，询问查证的时间不得超过8小时；情况复杂，依照本法规定可能适用行政拘留处罚的，询问查证的时间不得超过 24 小时。③告知处罚事实、理由、依据和有关权利。根据《行政处罚法》的规定，行政处罚实施机关在作出行政处罚决定之前，必须告知当事人行政处罚的事实、理由、依据和有关权利（包括要求听证的权利）。④听取陈述、申辩或举行听证。根据《行政处罚法》的规定，行政处罚实施机关在作出行政处罚决定之前，应当听取当事人的陈述和申辩；符合听证条件的行政处罚，如果当事人要求听证，还应举行听证会。⑤作出处罚决定。调查终结，经行政处罚实施机关负责人应当对调查结果进行审查后，根据不同情况，分别作出如下规定：第一，确有应受行政处罚违法行为的，根据情节轻重及具体情况，作出行政处罚决定；第二，违法行为轻微，依法可以不予行政处罚的，不予行政处罚；第三，违法事实不能成立的，不得给予行政处罚；第四，违法行为已构成犯罪的，移送司法机关。对情节复杂或者重大违法行为给予较重的行政处罚，行政处罚实施机关的负责人应当集体讨论决定。行政处罚实施机关给予行政处罚时，应当制作行政处罚决定书。行政处罚决定书必须盖有作出行政处罚决定行政机关的印章。⑥送达处罚决定书。根据《行政处罚法》第 40 条的规定，行政处罚决定书应当在宣告后当场交付当事人；当事人不在场的，行政处罚实施机关应当在 7 日内依照民事诉讼法的有关规定，将行政处罚决定书送达当事人。

（3）行政处罚的听证程序，是指行政处罚实施机关在作出行政处罚决定之前，在非本案调查人员的主持下，公开举行由该案利害关系人参加的听证会，对案件事实进行申辩和质证的程序。听证程序不是与简易程序、一般程序相并列的第三种程序，而是一般程序中的的特殊程序。根据《行政处罚法》的规定，适用听证程序须符合下列条件：①较重的行政处罚。较重的行政处罚主要是指行政处罚实施机关作出的责令停产停业、吊销许可证或者执照、数额较大的罚款等行政处罚。②当事人有听证的请求。只有在当事人要求听证的情况下，行政处罚实施机关才可以提供听证。听证依照以下程序组织：①告知听证权。如果属于听证适用范围的行政处罚，行政处罚实施机关应当通过正式方式告知当事人有权要求听证。②提出听证申请。当事人要求听证的，应当在行政处罚实施机关告知后3日内提出。③发出听证通知。行政处罚实施机关应当在听证的7日前，通知当事人举行听证的时间、地点和其他有关事项。④举行听证会。除涉及国家秘密、商业秘密或者个人隐私外，听证公开举行。当事人可亲自参加听证，也可委托1至2人代理。听证会由行政处罚实施机关指定的非本案调查人员主持，当事人认为主持人与本案有直接利害关系的，有权申请回避。举行听证时，调查人员提出当事人违法的事实、证据和行政处罚建议。针对指控的事实及相关问题，当事人进行申辩和质证。经过调查取证人员与当事人相互辩论，由主持人宣布辩论结束后，当事人可以作最后的陈述。听证会的全过程应当制作笔录，交当事人审核无误后，由当事人签字或者盖章。听证结束后，行政处罚实施机关依照有关一般程序的规定作出处理决定。

（4）行政处罚的当场执行，主要适用于当场作出罚款决定的小额罚款的执行。根据《行政处罚法》、《治安管理处罚法》的规定，依法给予20元或50元以下罚款或不当场收缴事后难以执行的，执法人员可以当场收缴罚款；在边远、水上、交通不便地区，行政机关及其执法人员依法作出罚款决定后，当事人向指定的银行缴纳罚款确有困难，经当事人提出，行政机关及其执法人员可以当场收缴罚款。行政机关及其执法人员当场收缴罚款的，必须向当事人出具省、自治区、直辖市财政部门统一制发的罚款收据；不出具财政部门统一制发的罚款收据的，当事人有权拒绝缴纳罚款。执法人员当场收缴的罚款，应当自收缴罚款之日起2日内，交至行政机关，在水上当场收缴的罚款，应当自抵岸之日起2日内交至行政机关，行政机关应当在2日内将罚款缴付指定的银行。

（5）行政处罚的事后执行是行政处罚执行的一般程序。根据《行政处罚法》的规定，行政处罚的执行方式有自觉履行和强制执行两种方式。①自觉履行。行政处罚决定依法作出后，当事人应当在行政处罚决定的期限内，自觉予以履行，否则将招致强制执行。②强制执行。当事人逾期不履行行政处罚决定的，作出行政处罚决定的行政机关可以采取下列措施强制执行。①到期不缴纳罚款的，每日按罚款数额的3%加处罚款；②根据法律规定，将查封、扣押的财物拍卖或者冻结的存款划拨抵缴罚款；③申请人民法院强制执行。当然，强制执行也有例外，根据《行政处罚法》第52条的规定：当事人确有经济困难，需要延期或者分期缴纳罚款的，经当事人申请和行政机关批准，可以暂缓或者分期缴纳。根据《治安管理处罚法》第21条规定："……（一）对已满十四周岁不满十六周岁的；（二）已满十六周岁不满十八周岁，初次违反治安管理的；（三）七十周岁以上的；（四）怀孕或者哺乳自己不满一周岁婴儿的。"违反治安管理的行为人，可以依法作出行政拘留处罚决定，但不移送拘留所执行。被处罚人居住地公安派出所应当会同被处罚人所在单位、学校、家庭、居（村）民委员会、未成年人保护组织和有关社会团体进行帮教。

在行政处罚权的实施过程中，还存在行政处罚的适用问题，即行政处罚的实施机关决定是否给予行政相对人行政处罚以及给予何种行政处罚的问题。根据《行政处罚法》的规定，行政处罚的适用应遵循以下原则：（1）行政处罚与责令纠正并行的原则。这是"处罚与教育相结合原则"在行政处罚适用阶段的具体展现和延伸，要求行政处罚的实施机关在实施行政处罚时，有权责令也应当同时责令违法人改正其违法行为，不能"罚而不管"，也不能"管而不罚"。（2）一事不再罚款的原则。这是"一事不再罚"在我国行政处罚领域的具体体现。我国《行政处罚法》第24条规定："对当事人的同一个违法行为，不得给予两次以上罚款的行政处罚。"它表明，对行政相对人的同一个违反行政管理秩序的行为，不论是否基于同一个理由和依据，均不得给予两次以上的罚款。这一原则的确立能够控制"滥罚款"和"多头罚款"的现象。

(3）行政处罚折抵刑罚的原则。行政处罚与刑罚都是国家对违法行为的法律制裁，因而不同类处罚则不能替代，同类处罚则应采取折抵竞合方法。《治安管理处罚法》第92条规定："对决定给予行政拘留处罚的人，在处罚前已经采取强制措施限制人身自由的时间，应当折抵。限制人身自由一日，折抵行政拘留一日。"这里的"强制措施限制人身自由的时间"，包括被行政拘留人在被行政拘留前因同一行为被依法刑事拘留、逮捕的时间。《行政处罚法》第28条规定："违法行为构成犯罪，人民法院判处拘役或者有期徒刑时，行政机关已经给予当事人行政拘留的，应当依法折抵相应刑期。违法行为构成犯罪，人民法院判处罚金时，行政机关已经给予当事人罚款的，应当折抵相应罚金。"在行政处罚的具体适用过程中，出现下列五种情形的不予处罚：（1）不满14周岁的人有违法行为的；（2）精神病人在不能辨认或者不能控制自己行为时有违法行为的；（3）违法行为轻微并及时纠正，没有造成危害后果的；[①]（4）行为人为实施违反治安管理行为准备工具、制造条件的；（5）行为人自动放弃实施违反治安管理行为或者自动有效地防止违反治安管理行为结果发生，没有造成损害的。同时，违法行为在一定时限内未被发现的，不再处罚，但治安管理违法行为有违禁品的，应当依法予以收缴。《行政处罚法》第29条规定："违法行为在二年内未被发现的，不再给予行政处罚。法律另有规定的除外。前款规定的期限，从违法行为发生之日起计算；违法行为有连续或者继续状态的，从行为终了之日起计算。"《治安管理处罚法》第22条第1款规定："违反治安管理行为在六个月内没有被公安机关发现的，不再处罚。"此即我国行政处罚的实效制度。出现下列四种情形的从轻或减轻处罚：（1）主动消除或减轻违法行为危害

① 根据《公安机关执行〈中华人民共和国治安管理处罚法〉有关问题的解释》（一）的规定，公安机关对依法不予处罚的违反治安管理行为人，有违法所得的，应当依法予以追缴；有非法财物的，应当依法予以收缴。

后果的；（2）受他人胁迫、诱骗、教唆实施违法行为的；（3）配合行政机关查处违法行为，有立功表现的；（4）已满 14 周岁不满 18 周岁的人有违法行为的。此外，行为人自动放弃实施违反治安管理行为或者自动有效地防止违反治安管理行为结果发生，造成损害的，应当减轻处罚。行为人已经着手实施违反治安管理行为，但由于本人意志以外的原因而未得逞的，应当从轻处罚、减轻处罚或者不予处罚。其中从轻处罚是指行政处罚的实施机关在法定的处罚方式和处罚幅度内，对违法行为人选择适用较轻的方式和幅度较低的处罚。减轻处罚是指行政处罚的实施机关对违法行为人在法定的处罚幅度最低限以下适用行政处罚。同理，一般来说，违法相对人有下列情形之一的，应当从重处罚：（1）违法情节恶劣，造成严重后果的；（2）不听劝阻，继续实施违法行为的；（3）在两人以上合伙实施违法行为中起主要作用的；（4）多次实施违法行为，屡教不改的；（5）妨碍执法人员查处其违法行为的；（6）隐匿、销毁违法证据的；（7）胁迫、诱骗他人或教唆未成年人实施违法行为的；（8）对举报人、证人打击报复的；（9）在发生自然灾害或其他非常情况下实施违法行为的；（10）法律、法规规定的其他应当从重处罚的情形。从重处罚，是从轻处罚的对称，是指行政处罚的实施机关在法定的处罚方式和幅度内，对违法行为人在数种处罚方式中适用较严厉的处罚方式，或者在某一处罚方式允许的幅度内适用接近于上限或上限的处罚。应当注意，从重处罚必须是在法律、法规规定的范围内进行，超出法定范围即成为加重处罚，是违反《行政处罚法》的原则和精神的。[①]

（四）行政征收权

传统意义上的行政征收权，更多表现为税收征收权和行政收费权，最大的特点表现为无偿性。现代意义上的行政征收权是指行政

---

① 罗豪才、湛中乐主编：《行政法学》（第 2 版），北京大学出版社 2006 年版，第 232 页。

主体依法以强制的方式取得公民、法人或其他组织的一定金钱或实物的行政权力，包括税收征收权、行政收费权和其他财产征收权。

1. 税收征收权

税收是国家为满足社会公共需要，凭借公共权力，按照法律所规定的标准和程序，参与国民收入分配，强制地、无偿地取得财政收入的一种行政权力。对税收的内涵可以从以下几个方面来理解：(1) 国家征税的目的是满足社会成员获得公共产品的需要。(2) 国家征税凭借的是公共权力（政治权力）。税收征收的主体只能是代表社会全体成员行使公共权力的政府，其他任何社会组织和个人是无权征税的。与公共权力相对应的必然是政府管理社会和为民众提供公共产品的义务。(3) 税收是国家筹集财政收入的主要方式。(4) 税收必须借助法律形式进行。税收作为政府筹集财政收入的一种规范形式，具有区别于其他财政收入形式的特点。税收特征可以概括为强制性、无偿性和固定性。税收的强制性是指国家凭借其公共权力以法律对税收征纳双方的权利（权力）与义务进行规范，依据法律进行征税。税收的强制性主要体现在征税过程中。我国宪法明确规定我国公民有依照法律纳税的义务。纳税人必须依法纳税，否则就要受到法律的制裁。税收的无偿性是指国家征税后，税款一律纳入国家财政预算统一分配，而不直接向具体纳税人返还或支付报酬。税收的无偿性是从个体纳税人角度而言的，其享有的公共利益与其缴纳的税款并非一一对等。但就纳税人的整体而言则是对等的，政府使用税款的目的是向社会全体成员包括具体纳税人提供社会公共产品和公共服务。因此，税收的无偿性表现为个体的无偿性、整体的有偿性。税收的固定性是指国家征税之前预先规定了统一的征税标准，包括纳税人、课税对象、税率、纳税期限、纳税地点等。这些标准一经确定，在一定时间内是相对稳定的。税收的固定性包括两层含义：第一，税收征收总量的有限性。由于预先规定了征税的标准，政府在一定时期内的征税数量就要以此为限，从而保证税收在国民经济总量中的适当比例。第二，税收征收具体操作的确定性，即税法确定了课税对象及征收比例或数额，具有相对稳定、连续的特点。既要求纳税人必须按税法规定的标准缴纳税额，也要求税务机关只能按税法规定的标准对纳税人征税，不能任意降低或提高。税收的三个特征是统一的整体，相互联系，缺一不可。无偿性是税收这种特殊分配手段本质的体现，强制性是实现税收无偿征收的保证，固定性是无偿性和强制性的必然要求。三者相互配合，保证了政府财政收入的稳定。

税收征收权亦称征税权、税收权，是税收机关（税务机关和海关）依法无偿取得纳税义务人的税金并纳入国家财政收入的行政征收权，如征收个人所得税、征收增值税等。税收征收权作为保障财政收入的一类最为重要的行政征收权，根据《立法法》第8条第（八）项、第9条的规定，原则上只能以法律的形式予以设定；在税收事项尚未制定法律的情况下，全国人民代表大会及其常务委员会有权作出决定，授权国务院可以根据实际需要先制定行政法规。易言之，税收的设定权完全适用法律保留原则，行政法规非经全国人民代表大会及其常务委员会授权不得设定税收权，地方性法规、规章以及其他规范性文件一律不得设定税收征收权。几经变革，我国目前共有增值税、消费税、营业税、企业所得税、个人所得税、资源税、城镇土地使用税、房产税、城市维护建设税、耕地占用税、土地增值税、车辆购置税、车船税、印花税、契税、烟叶税、关税、船舶吨税18个税种。这些税种除了企业所得税、个人所得税、车船税由《企业所得税法》、《个人所得税法》、《车船税法》设定外，其余15个税种，即增值税、消费税、营业税、车辆购置税、土地增值税、房产税、城镇土地使用税、耕地占用税、契税、资源税、船舶吨税、印花税、城市维护建设税、烟叶税、关税，都是全国人大常委会授权国务院制定的税收条例设定。

税收征收权的实施，我国《税收征收管理法》、《海关法》作了明确规定。税收征收的实施主体是各地国家税务局和地方税务局以及各级海关部门。各地国家税务局和地方税务局包括各级税务局、税务分局、税务所和按照国务院规定设立的并向社会公告的税务机构，它们按照国务院规定的税收征收管理范围分别进行征收管理，主要负责除关税和船舶吨税之外的16种税种的征收。各级海关部门负责征收关税和船舶吨税，同时受委托代征进口货物的增值税、消费税。由此看来，税收征收权的实施主体仅只局限于具有税收征收权的行政机关或受委托行使税收征收权的行政机关，不存在法律、法规授权的组织，也不存在受委托行使税收征收权的组织。① 税收征收的一般程序包括税务登记、账簿和凭证管理、发票管理、纳税申报、税款征收、税务检查等环节。

2. 行政收费权

行政收费权是指行政机关或者依法履行行政职能的其他组织，为满足特别的行政支出，向与特别支出存在特定关系的行政相对人收取费用的一种行政征收权。实践中，行政收费通常被习惯性笼统称为行政事业性收费。② 与税收规范筹集财政收入的形式不同，行政收费主要是政府有关部门为单位和居民个人提供特定服务，或被赋予某种权利而向直接受益者收取的代价。税和费的区别主要表现在：（1）主体不同。税收的主体是国家，税收管理的主体是代表国家的税务机关、海关或财政部门，而费的收取主体多是行政事业单位、行业主管部门等。（2）特征不同。税收具有无偿性，纳税人缴纳的税收与国家提供的公共产品和服务之间不具有对称性。费

① 《税收征收管理法》规定的代扣代缴义务人，其地位近似于纳税人，不是受委托行使税收征收权的受委托组织。

② 其实，严格说来，行政事业性收费又有行政性收费与事业性收费两种。《国家物价局、财政部关于加强行政事业性收费管理的通知》价涉字〔1988〕278号第1条规定："行政性收费是指国家机关、事业单位为加强社会、经济、技术管理所收取的费用。事业性收费是指国家机关、事业单位为社会或个人提供特定服务所收取的费用……"行政收费权规制应该主要针对行政性收费，如教育费附加等，事业性收费应该逐步向特殊的民事法律关系演变，受民事法律规范调整。

则通常具有补偿性，主要用于成本补偿的需要，特定的费与特定的服务往往具有对称性。税收具有稳定性，税法一经制定，对全国具有统一效力并相对稳定；而费则具有灵活性，其收取一般由不同部门、不同地区根据实际情况灵活确定。(3) 用途不同。税收收入由国家预算统一安排，用于社会公共需要支出，而费一般具有专款专用的性质。

行政收费的设定解决的是哪些立法主体可以设定何种行政收费的问题。目前，行政收费过多过滥已成为人们普遍关注的问题，从“费”到“税”的改革已经逐渐展开。考虑到我国当前的实际，总的来看，行政收费应当尽量控制在行政性收费范畴，不要盲目扩大到名目繁多的事业性收费。具体包括：(1) 因使用权而引起的收费。水资源费、矿产资源补偿费、渔业资源增殖保护费等资源费，机场、港口建设费等建设资金的征收均可归入这一类。此类征收实际上是公民、法人及其他组织有偿使用国有资源、资产的具体体现，是所有权人的收益权能在行政法上的实现方式。国家通过行政主体借助国家的强制力量以征收的形式直接实现国家的所有权，从而保证国有资源和资产的合理、充分使用。(2) 因违反法律规定而引起的收费。社会抚养费、排污费、滞纳金的征收均可归入这一类。(3) 因行政法上的义务而引起的收费。教育费附加、车辆购置附加费的征收均可归入这一类。此类征收的实质是国家凭借行政权力，强制并且无偿地参与公民、经济组织的收入分配从而取得财政收入的一种形式，从长远看应当改为税。

行政收费权应当严格实行法设定，并遵循以下规则：(1) 法律可以设定行政收费，如《教育法》第57条规定：“税务机关依法足额征收教育费附加，由教育行政部门统筹管理，主要用于实施义务教育；省、自治区、直辖市人民政府根据国务院的有关规定，可以决定开征用于教育的地方附加费，专款专用……” (2) 尚未制定法律的，行政法规可以设定行政收费，但法律对行政收费已经作出规定，行政法规需要作出具体规定的，必须在法律规定的项目和标准的范围内规定，如《行政许可法》规定，除法律、行政法规另有规定外，行政机关实施行政许可和对行政许可事项进行监督检查，不得收取任何费用。行政机关实施行政许可，依照法律、行政法规收取费用的，应当按照公布的法定项目和标准收费。(3) 尚未制定法律、行政法规的，地方性法规可以根据本地实际设定行政收费，但法律、行政法规对行政收费已经作出规定，地方性法规需要根据本地实际作出具体规定的，必须在法律、行政法规规定的项目和标准的范围内规定。目前，全国各省、自治区、直辖市以及较大的市人大常委会出台的各类行政事业性收费管理条例大致可归入此类。(4) 规章可以在法律、法规规定的行政收费项目和标准的范围内作出具体规定，收费的限额由国务院或同级人民代表大会常务委员会规定。(5) 其他规范性文件不得设定行政收费。

当然，即便是上述行政性收费事项，参照行政许可的设定规则，通过下列方式能够予以规范的，同样可以不设行政收费：(1) 公民、法人或者其他组织能够自主决定的；(2) 市场竞争机制能够有效调节的；(3) 行业组织或者中介机构能够自律管理的；(4) 行政机关采用监督等其他行政管理方式能够解决的。

行政收费权的实施，主要涉及行政收费的实施主体与实施程序问题。为依法根治我国乱收费的现象，建议比照《行政处罚法》的相关规定，适当从严规范行政收费权的实施。在实施主体方面，比照《行政处罚法》的规定，除法律、法规另有规定外，行政收费由县级以上人民政府依法具有行政收费权的行政机关在法定职权范围内实施，法律、法规授权的具有公共事务管理职能的社会组织可以在法定授权范围内实施行政收费。考虑到当前行政收费的实际，行政机关依照法律、法规或者规章的规定，可以在其法定权限内委托符合规定条件的组织实施行政收费，但不得委托其他组织或者个人实施行政收费。受委托组织在委托范围内，以委托行政机关名义实施行政收费；不得再委托其他任何组织或者个人实施行政收费。委托行政机关对受委托的组织实施行政收费的行为应当负责监督，并对该行为的后果承担法律责任。此外，应尽快建立行政收费领域的相对集中行政收费权制度，即经国务院批准，省、自治区、直辖市人民政府根据统一收费的原则，可以决定一个行政机关行使有关行政机关的行政收费权。在实施程序上，应当区分行政收费的决定与行政收费的执行，在行政收费的决定环节分别设立简易程序和一般程序（含听证程序），在行政收费的执行环节分别设立当场收费和到指定银行缴费两种方式。

行政收费的简易程序，是指行政收费权实施主体对行政收费项目和标准明确的事项，可以当场作出行政收费决定。行政收费项目和标准明确，意指行政收费的项目有法定依据，标准有法律规定，行政收费权实施主体依法作出行政收费即可。行政收费的一般程序，是指法律、法规、规章只对行政收费项目和标准进行了原则规定，需要行政收费权实施主体依法裁量收费的事项，应当按照一般程序实施。（1）公示行政收费的项目、标准，这类公示一般应当通过政府网站公布、收费场所张贴等方式进行；（2）审定费额，一般应通过会议研究、报负责人批准等方式进行，对于大额收费还应当参照《行政处罚法》规定的较大数额罚款的听证规则依职权或应相对人或利害关系人的申请举行行政收费听证会；（3）在规定时间内作出收费决定；（4）在规定时间内送达并通知相对人缴费。

行政收费执行环节的当场收费，主要针对收费数额较小且依据明确的行政收费，或者在边远、水上、交通不便地区，当事人向指定的银行缴费确有困难，经当事人提出，行政收费实施主体及执法人员也可以当场收缴费用。行政收费实施主体及其执法人员当场收缴费用的，必须向当事人出具省、自治区、直辖市财政部门统一制发的收费收据；不出具财政部门统一制发的收费收据的，当事人有权拒绝缴纳费用。执法人员当场收缴的费用，应当自收缴费用之日起二日内，交至行政机关，在水上当场收缴的费用，应当自抵岸之日起二日内交至行政机关，行政机关应当在二日内将费用缴付指定的银行。行政收费执行环节的到指定银行缴费，指的是在行政收费决定作出后，除当场收费的情形外，作出收费决定的行政收费实施主体及其工作人员不能自行收缴费用，而由当事人自收到行政收费决定书之日起15日内到指定的银行缴纳费用，银行将收缴的费用直接上缴国库。到指定银行缴费，实质上体现就是行政收费权实施中的行政收费决定与行政收费执行相分离制度。

3. （其他）财产征收权

与税收、行政收费一样，对除金钱外财产的征收，在我国现行法律规定中随处可见。我国《宪法》第10条和第13条分别规定，国家为了公共利益的需要，可以依照法律规定对土地和公民的私有财产实行征收或者征用并给予补偿。《土地管理法》第2条第4款规定："国家为了公共利益的需要，可以依法对土地实行征收或者征用并给予补偿。"《物权法》第42条第1款规定："为了公共利益的需要，依照法律规定的权限和程序可以征收集体所有的土地和单位、个人的房屋及其他不动产。"从上述法律规定可以看出，从土地、房屋到其他不动产乃至其他私有财产，早已成为行政征收的对象。其他财产征收权，在新的制度架构下，本质上是国家合法地获得行政相对人其他财产的行政征收权，体现的是一种极强的国家意志。因此，其他财产征收权的设定、实施（包括实施主体、种类、方式和程序）必须有法律明确规定，否则将极易造成对行政相对人合法权益的侵犯。

需要特别指出的是，其他财产征收权，与征用权、收回权存在本质不同。根据现行法律规定，征收权、征用权、收回权①本质上

① 根据主体及法律依据的不同，收回权的性质不尽相同。例如，《农村土地承包法》第26条规定，承包期内，发包方不得收回承包地。承包期内，承包方全家迁入设区的市，转为非农业户口的，应当将承包的耕地和草地交回发包方。承包方不交回的，发包方可以收回承包的耕地和草地。这里的收回权就是民事权利。

都是行政权力。其中征收权与征用权针对的是财产，其行使始终与“公共利益的需要”、“法定程序”以及“补偿”紧密相连，亦即征收与征用都是为了公共利益需要，都要经过法定程序，都要依法给予补偿，但征收主要是所有权的改变，征用主要是使用权的改变。至于收回权，根据《土地管理法》第58条的规定，收回的是国有土地使用权而非国有土地，且只对为公共利益需要使用土地或为实施城市规划进行旧城区改建需要调整使用土地的情形给予土地使用权人适当补偿，对其他情形的收回不予补偿。因此，其他财产征收权的设定与实施，应当形成不同于征用权、收回权设定与实施的制度设计。

其他财产征收权的设定，涉及行政征收的对象及具体设定两个方面。行政征收的对象，笼统地讲是指除金钱之外的财产，现行立法明确的财产范围包括：(1)土地，包括集体所有的土地；(2)房屋，包括单位、个人的房屋；(3)公民的其他私有财产，包括房屋之外的其他不动产。根据我国的土地所有权制度，土地、房屋作为行政征收的对象，主要指集体所有的土地和单位、个人的房屋，至于公民的私有财产作为行政征收的对象，应该不仅仅局限于不动产，其范围应当相当广泛。这里需要着重讨论的是，财产权能否成为行政征收的对象？例如，《土地管理法》规定的国有土地使用权，《物权法》规定的建设用地使用权，《农村土地承包法》规定的土地承包经营权，专利权、商标权、著作权等知识产权以及其他诸如股权等财产权，现行法律对此没有明确规定，它们到底能否成为行政征收的对象，直接关系到我国财产征收法律体系的科学构建。根据《立法法》第8条第（六）项“对非国有财产的征收”，只能制定法律的规定，其他财产征收权原则上应当由法律具体设定。由于《立法法》第9条同时规定对非国有财产的征收尚未制定法律的，全国人民代表大会及其常务委员会有权作出决定，授权国务院可以根据实际需要先制定行政法规，因此《立法法》实施后很长一段时期，其他财产征收权的设定，基本上主要由法律、行政法规设定。最有代表性的当属城市房屋拆迁。我国早在1991年就出台了原《城市房屋拆迁管理条例》，2001年进行了重新制定。原《城市房屋拆迁管理条例》本质上就是一部有关非国有征收即城市房屋征收的法。2007年，《物权法》明确规定依照法律规定的权限和程序征收单位、个人的房屋。为了规避原《城市房屋拆迁管理条例》与《物权法》的冲突，2007年，第十届全国人民代表大会常务委员会通过关于修改《中华人民共和国城市房地产管理法》的决定，在第一章"总则"中增加一条，作为第6条："为了公共利益的需要，国家可以征收国有土地上单位和个人的房屋，并依法给予拆迁补偿，维护被征收人的合法权益；征收个人住宅的，还应当保障被征收人的居住条件。具体办法由国务院规定。"2011年，原《城市房屋拆迁管理条例》被国务院新发布的《国有土地上房屋征收与补偿条例》代替。至此，其他财产征收权的设定，初步形成了原则上由《宪法》、《土地管理法》、《物权法》、《城市房地产管理法》等法律设定，对其中的部分征收事项（如房屋）尚未制定法律的，通过法律（如《城市房地产管理法》）授权国务院根据实际需要先制定行政法规（如《国有土地上房屋征收与补偿条例》）的设定格局。

其他财产征收权的实施，包括实施主体、实施程序两个方面的内容。根据征收对象的不同，其他财产权征收的实施主体也有一定的差异。对土地、房屋等不动产的征收，实施主体应当严格控制在具有其他财产征收权的县级以上人民政府在其职权范围内实施，《土地管理法》第45条、《国有土地上房屋征收与补偿条例》第4条分别对土地征收与房屋征收的实施主体进行了明确规定。对其他私有财产的征收，具有其他财产征收权的县级以上人民政府工作部门可以在其职权范围内实施。禁止法律、法规授权任何社会组织实施其他财产征收权，禁止具有其他财产征收权的县级以上人民政府及其工作部门委托其他行政机关或社会组织实施其他财产征收权。其他财产征收权的实施程序包括征收决定程序和征收决定实施程序。我国现行法律、法规区分土地、房屋等不同征收对象规定了不同的征收决定程序与征收决定实施程序。

对于土地征收，根据《土地管理法》第45条的规定，征收基本农田、基本农田以外的耕地超过35公顷、其他土地超过70公顷的，由国务院批准；征收前款规定以外的土地的，由省、自治区、直辖市人民政府批准，并报国务院备案。国家征收土地的，依照法定程序批准后，由县级以上地方人民政府予以公告并组织实施。被征收土地的所有权人、使用权人应当在公告规定期限内，持土地权属证书到当地人民政府土地行政主管部门办理征地补偿登记。征收土地的，按照被征收土地的原用途给予补偿。征收耕地的补偿费用包括土地补偿费、安置补助费以及地上附着物和青苗的补偿费。征收耕地的土地补偿费，为该耕地被征收前3年平均年产值的6~10倍。征收耕地的安置补助费，按照需要安置的农业人口数计算。需要安置的农业人口数，按照被征收的耕地数量除以征地前被征收单位平均每人占有耕地的数量计算。每一个需要安置的农业人口的安置补助费标准，为该耕地被征收前3年平均年产值的4~6倍。但是，每公顷被征收耕地的安置补助费，最高不得超过被征收前3年平均年产值的15倍。征收其他土地的土地补偿费和安置补助费标准，由省、自治区、直辖市参照征收耕地的土地补偿费和安置补助费的标准规定。被征收土地上的附着物和青苗的补偿标准，由省、自治区、直辖市规定。依照上述规定支付土地补偿费和安置补助费，尚不能使需要安置的农民保持原有生活水平的，经省、自治区、直辖市人民政府批准，可以增加安置补助费。但是，土地补偿费和安置补助费的总和不得超过土地被征收前3年平均年产值的30倍。国务院根据社会、经济发展水平，在特殊情况下，可以提高征收耕地的土地补偿费和安置补助费的标准。征地补偿安置方案确定后，有关地方人民政府应当公告，并听取被征地的农村集体经济组织和农民的意见。根据《物权法》第42条第2款的规定：“征收集体所有的土地，应当依法足额支付土地补偿费、安置补助费、地上附着物和青苗的补偿费等费用，安排被征地农民的社会保障费用，保障被征地农民的生活，维护被征地农民的合法权益。”

对于房屋征收，根据《国有土地上房屋征收与补偿条例》第8条的规定：“为了保障国家安全、促进国民经济和社会发展等公共利益的需要，有下列情形之一，确需征收房屋的，由市、县级人民政府作出房屋征收决定：（一）国防和外交的需要；（二）由政府组织实施的能源、交通、水利等基础设施建设的需要；（三）由政府组织实施的科技、教育、文化、卫生、体育、环境和资源保护、防灾减灾、文物保护、社会福利、市政公用等公共事业的需要；（四）由政府组织实施的保障性安居工程建设的需要；（五）由政府依照城乡规划法有关规定组织实施的对危房集中、基础设施落后等地段进行旧城区改建的需要；（六）法律、行政法规规定的其他公共利益的需要。”市、县级人民政府作出房屋征收决定前，应当按照有关规定进行社会稳定风险评估；房屋征收决定涉及被征收人数量较多的，应当经政府常务会议讨论决定。作出房屋征收决定前，征收补偿费用应当足额到位、专户存储、专款专用。房屋征收部门应当对房屋征收范围内房屋的权属、区位、用途、建筑面积等情况组织调查登记，被征收人应当予以配合。调查结果应当在房屋征收范围内向被征收人公布。房屋征收部门拟定征收补偿方案，报市、县级人民政府。市、县级人民政府应当组织有关部门对征收补偿方案进行论证并予以公布，征求公众意见。征求意见期限不得少于30日。市、县级人民政府应当将征求意见情况和根据公众意见修改的情况及时公布。因旧城区改建需要征收房屋，多数被征收人认为征收补偿方案不符合条例规定的，市、县级人民政府应当组织由被征收人和公众代表参加听证会，并根据听证会情况修改方案。市、县级人民政府作出房屋征收决定后应当及时公告。公告应当载明征收补偿方案和行政复议、行政诉讼权利等事项。被征收人对市、县级人民政府作出的房屋征收决定不服的，可以依法申请行政复议，也可以依法提起行政诉讼。市、县级人民政府及房屋征收部门同时应当做好房屋征收与补偿的宣传、解释工作。作出房屋征收决定的市、县级人民政府对被征收人给予的补偿包括：（1）被征收房屋价值的补偿，补偿不得低于房屋征收决定公告之日被征收房屋类似房地产的市场价格；（2）因征收房屋造成的搬迁、临时安置的补偿；（3）因征收房屋造成的停产停业损失的补偿，损失根据房屋被征收前的效益、停产停业期限等因素确定。市、县级人民政府同时应当制定补助和奖励办法，对被征收人给予补助和奖励。征收个人住宅，被征收人符合住房保障条件的，作出房屋征收决定的市、县级人民政府应当优先给予住房保障。房屋征收部门与被征收人依照条例的规定，就补偿方式、补偿金额和支付期限、用于产权调换房屋的地点和面积、搬迁费、临时安置费或者周转用房、停产停业损失、搬迁期限、过渡方式和过渡期限等事项，订立补偿协议。按照条例的规定，补偿协议订立后，一方当事人不履行补偿协议约定的义务的，另一方当事人可以依法提起诉讼。[①] 房屋征收部门与被征收人在征收补偿方案确定的签约期限内达不成补偿协议，或者被征收房屋所有权人不明确的，由房屋征收部门报请作出房屋征收决定的市、县级人民政府依照条例的规定，按照征收补偿方案作出补偿决定，并在房屋征收范围内予以公告。被征收人对补偿决定不服的，可以依法申请行政复议，也可以依法提起行政诉讼。作出房屋征收决定的市、县级人民政府对被征收人给予补偿后，被征收人应当在补偿协议约定或者补偿决定确定的搬迁期限内完成搬

① 但提起行政诉讼还是民事诉讼，实务界与学术界还没有共识。多数观点认为，该补偿协议在性质上确属行政合同，其得不到履行提起的应该是行政诉讼，但我国现行行政诉讼制度又不允许“官告民”，因而这一规定的实现又明显存在制度障碍。参见张维：《专家建议“官告民”纳入行政诉讼法》，载法制网，http://www. law - lib. com/fzdt/newshtml/fzjd/20130225091057. htm。笔者认为，这一规定本意应该是房屋征收部门不履行补偿协议约定的义务的，被征收人可以依法提起行政诉讼；被征收人不履行补偿协议约定的义务的，房屋征收部门可以根据补偿方案作出补偿决定。

迁。被征收人在法定期限内不申请行政复议或者不提起行政诉讼，在补偿决定规定的期限内又不搬迁的，由作出房屋征收决定的市、县级人民政府依照《行政强制法》的相关规定强制执行。

（五）行政强制权

行政强制权，包括行政强制措施权和行政强制执行权两部分。2012 年 1 月 1 日起施行的《行政强制法》对行政强制的种类、设定、实施等进行了具体规定。

1. 行政强制措施权

根据《行政强制法》的规定，行政强制措施权是指行政机关在行政管理过程中或法律、行政法规授权的具有管理公共事务职能的组织在法定授权范围内，为制止违法行为、防止证据损毁、避免危害发生、控制危险扩大等情形，依法对公民的人身自由实施暂时性限制，或者对公民、法人或者其他组织的财物实施暂时性控制的行政强制权。发生或者即将发生自然灾害、事故灾难、公共卫生事件或者社会安全事件等突发事件，行政机关或法律、行政法规授权的具有管理公共事务职能的组织在法定授权范围内采取应急措施或者临时措施，以及行政机关或法律、行政法规授权的具有管理公共事务职能的组织在法定授权范围内采取金融业审慎监管措施、进出境货物强制性技术监控措施，本质上也属于行政强制措施权。

行政强制措施权的设定，包括行政强制措施的种类及具体设定。根据《行政强制法》第 9 条的规定："行政强制措施的种类包括：（1）限制公民人身自由[①]；（2）查封场所、设施或者财物；（3）扣押财物；（4）冻结存款、汇款；（5）其他行政强制措施。"在具体设定上，行政强制措施原则上由法律设定，其中限制公民人身自由，冻结存款、汇款等行政强制措施必须由法律设定。尚未制

① 限制公民人身自由不同于行政拘留，很难有明确的法定期限。为了避免行政主体滥用这一行政权力，《行政强制法》明确规定目的已经达到或条件已经消除，应当立即解除限制公民人身自由。

定法律，且属于国务院行政管理职权事项的，行政法规可以设定除限制公民人身自由，冻结存款、汇款和应当由法律规定的行政强制措施以外的其他行政强制措施。尚未制定法律、行政法规，且属于地方性事务的，地方性法规可以设定查封场所、设施、财物或者扣押财物的行政强制措施。同时，法律对行政强制措施的对象、条件、种类作了规定的，行政法规、地方性法规不得作出扩大规定。法律中未设定行政强制措施的，行政法规、地方性法规不得设定行政强制措施。但是，法律规定特定事项由行政法规规定具体管理措施的，行政法规可以设定除限制公民人身自由，冻结存款、汇款和应当由法律规定的行政强制措施以外的其他行政强制措施。法律、法规以外的其他规范性文件一律不得设定行政强制措施。

行政强制措施权的实施，包括行政强制措施权的实施主体与实施程序。行政强制措施权由法律、法规规定的行政机关在法定职权范围内或法律、行政法规授权的具有管理公共事务职能的组织在法定授权范围内实施，行政强制措施权不得委托。实施行政强制措施应当遵循下列一般实施程序：（1）报批。实施前须向行政机关负责人报告并经批准，情况紧急需要当场实施行政强制措施的，行政执法人员应当在24小时内向行政机关负责人报告，并补办批准手续；（2）由两名以上行政执法人员实施；（3）出示执法身份证件；（4）通知当事人到场；（5）当场告知当事人采取行政强制措施的理由、依据以及当事人依法享有的权利、救济途径；（6）听取当事人的陈述和申辩；（7）制作现场笔录，现场笔录由当事人和行政执法人员签名或者盖章，当事人拒绝的，在笔录中予以注明；当事人不到场的，邀请见证人到场，由见证人和行政执法人员在现场笔录上签名或者盖章。

2. 行政强制执行权

根据《行政强制法》的规定，行政强制执行权是指行政机关以及法律、行政法规授权的具有管理公共事务职能的组织或者行政机关以及法律、行政法规授权的具有管理公共事务职能的组织申请人民法院，对不履行行政决定的公民、法人或者其他组织，依法强制履行义务的行政强制权。很显然，行政强制执行权有行政机关行政强制执行与申请人民法院行政强制执行之分。

行政强制执行权的设定，包括行政强制执行的方式及具体设定。根据《行政强制法》第12条的规定："行政强制执行的方式有：（一）加处罚款或者滞纳金；（二）划拨存款、汇款；（三）拍卖或者依法处理查封、扣押的场所、设施或者财物；（四）排除妨碍、恢复原状；（五）代履行；[①]（六）其他强制执行方式。"在具体设定上，行政强制执行权由法律设定。法律没有规定行政机关强制执行的，作出行政决定的行政机关应当申请人民法院强制执行。

行政强制执行权的实施，包括行政机关强制执行程序与申请人民法院强制执行程序。行政机关强制执行程序是指行政机关或法律、行政法规授权的组织依法作出行政决定后，当事人在决定的期限内不履行义务的，具有行政强制执行权的行政机关或法律、行政法规授权的组织依法强制执行。一般应遵循下列程序：（1）催告。行政机关或法律、行政法规授权的组织作出强制执行决定前，应当事先催告当事人履行义务。催告应当以书面形式作出，并载明下列事项：履行义务的期限；履行义务的方式；涉及金钱给付的，应当有明确的金额和给付方式；当事人依法享有的陈述权和申辩权。催告书应当直接送达当事人，当事人拒绝接收或者无法直接送达当事人的，应当依照《民事诉讼法》的有关规定送达。在催告期间，对有证据证明有转移或者隐匿财物迹象的，行政机关可以作出立即强制执行决定。（2）听取意见。当事人收到催告书后有权进行陈

① 根据《行政强制法》第50条的规定："行政机关依法作出要求当事人履行排除妨碍、恢复原状等义务的行政决定，当事人逾期不履行，经催告仍不履行，其后果已经或者将危害交通安全、造成环境污染或者破坏自然资源的，行政机关可以代履行，或者委托没有利害关系的第三人代履行。"

述和申辩。行政机关或法律、行政法规授权的组织应当充分听取当事人的意见，对当事人提出的事实、理由和证据，应当进行记录、复核。当事人提出的事实、理由或者证据成立的，行政机关或法律、行政法规授权的组织应当采纳。（3）决定强制执行。经催告，当事人逾期仍不履行行政决定，且无正当理由的，行政机关或法律、行政法规授权的组织可以作出强制执行决定。强制执行决定应当以书面形式作出，并载明下列事项：当事人的姓名或者名称、地址；强制执行的理由和依据；强制执行的方式和时间；申请行政复议或者提起行政诉讼的途径和期限；行政机关的名称、印章和日期。行政强制执行决定书应当直接送达当事人。当事人拒绝接收或者无法直接送达当事人的，应当依照《民事诉讼法》的有关规定送达。（4）实施强制执行。实施行政强制执行，行政机关可以在不损害公共利益和他人合法权益的情况下，与当事人达成执行协议。执行协议可以约定分阶段履行；当事人采取补救措施的，可以减免加处的罚款或者滞纳金。执行协议应当履行。当事人不履行执行协议的，行政机关应当恢复强制执行。（5）在执行中或者执行完毕后，据以执行的行政决定被撤销、变更，或者执行错误的，应当恢复原状或者退还财物；不能恢复原状或者退还财物的，依法给予赔偿。

当事人在法定期限内不申请行政复议或者提起行政诉讼，又不履行行政决定的，没有行政强制执行权的行政机关或法律、行政法规授权的组织可以自期限届满之日起3个月内申请人民法院强制执行。申请人民法院强制执行，一般应遵循下列程序：（1）催告。行政机关或法律、行政法规授权的组织申请人民法院强制执行前，应当催告当事人履行义务。（2）申请强制执行。催告书送达10日后当事人仍未履行义务的，行政机关或法律、行政法规授权的组织可以向所在地有管辖权的人民法院申请强制执行；执行对象是不动产的，向不动产所在地有管辖权的人民法院申请强制执行。向人民法院申请强制执行，应当提供下列材料：强制执行申请书，强制执行申请书应当由行政机关负责人签名，加盖行政机关的印章，并注明日期；行政决定书及作出决定的事实、理由和依据；当事人的意见及行政机关催告情况；申请强制执行标的情况；法律、行政法规规定的其他材料。（3）人民法院受理或不予受理。人民法院接到行政机关或法律、行政法规授权的组织强制执行的申请，应当在5日内受理。行政机关或法律、行政法规授权的组织对人民法院不予受理的裁定有异议的，可以在15日内向上一级人民法院申请复议，上一级人民法院应当自收到复议申请之日起15日内作出是否受理的裁定。（3）审查。人民法院对行政机关或法律、行政法规授权的组织强制执行的申请进行书面审查。（4）裁定。人民法院对符合相关规定且行政决定具备法定执行效力的，一般应当自受理之日起7日内作出执行裁定。但发现有明显缺乏事实，明显缺乏法律、法规依据或者其他明显违法并损害被执行人合法权益情形之一的，人民法院在作出裁定前可以听取被执行人和行政机关或法律、行政法规授权的组织的意见，并应当自受理之日起30日内作出是否执行的裁定。裁定不予执行的，应当说明理由，并在5日内将不予执行的裁定送达行政机关或法律、行政法规授权的组织。行政机关或法律、行政法规授权的组织对人民法院不予执行的裁定有异议的，可以自收到裁定之日起15日内向上一级人民法院申请复议，上一级人民法院应当自收到复议申请之日起30日内作出是否执行的裁定。（5）执行。因情况紧急，为保障公共安全，行政机关或法律、行政法规授权的组织可以申请人民法院立即执行。经人民法院院长批准，人民法院应当自作出执行裁定之日起5日内执行。

（六）行政给付权

在现代社会国家，行政改革的重要目标之一就是强化行政服务功能，创建服务型政府。因而，极富服务精神的行政给付权开始在现代政府职能中扮演越来越重要的角色。行政给付起源于德国，经日本消化吸收并加以完善，形成了富有现代特色的行政给付理论。

广义的行政给付等同于源起德国的给付行政，是指对于在现代社会大规模人口的生存方式下，提供人们生存所依赖的公共服务等生存照顾活动，“不仅是仰赖水、电及瓦斯，甚至包括各种交通工具、邮政、电报电话、医疗设备、伤残老病之扶助及失业救济等”。[1] 简言之，凡通过授益性活动而直接促进社会成员利益的所有公行政活动，都应视为给付行政。在日本，学者也是从广泛意义上来理解和使用这一概念的。给付行政被认为是“通过公共设施、公共企业等进行的社会、经济、文化性服务的提供，通过社会保障、公共扶助等进行的生活保护、保障，以及资金的交付、助成等，即通过授益性活动，积极地提高、增进国民福利的公行政活动”。[2] 其内容包括：供给行政、社会保障行政和资助行政。供给行政是行政主体通过设置和经营公共设施、公共企业等方式，为公民提供日常生活中必不可少的公共服务的给付活动；社会保障行政是国家或地方公共团体依宪法的规定，为保障国民过上最低限度的、健康的文化生活而进行的给付活动，包括保障生活贫困者生活的公共扶助、社会保险以及公共卫生、医疗、社会福利；资助行政包括青少年的保护和培养、知识和技术的提供等非经济性的内容，以及行政主体为保证经营的安定，满足公共需要，而对私人、私营企业提供资金或其他财产利益的经济性内容的给付活动。[3] 在我国，受《宪法》第45条的影响，行政法学习惯上将行政给付权与行政物质帮助权画等号，认为行政给付权即指行政主体对公民在年老、疾病或丧失劳动能力等情况或其他特殊情况下，依照有关法律、法规、规章和政策的规定，赋予其一定的物质权益或与物质有

① 陈新民：《公法学札记》，中国政法大学出版社2001年版，第52页。

② 杨建顺：《日本行政法通论》，中国法制出版社1998年版，第329页。

③ ［日］南博方：《日本行政法》，杨建顺、周作彩译，中国人民大学出版社1988年版，第29～30页。

关的权益的行政权力。[①] 事实上，行政给付权不仅仅局限于上述狭义的行政救助领域，大量的行政资助等广义的行政给付也是客观存在的。

行政给付权一般具有以下特征：第一，行政给付权是行政主体的一项重要行政职权。行政给付是由行政机关具体承担的一项物质帮助职能，这种物质帮助因其特定的实施主体而成为一种履行国家行政管理法定职责的活动，具有行政权力的性质，这区别于由社会或一定社会组织进行的物质帮助，后者很显然是一种社会权力而非行政权力。第二，行政给付的对象是特定的行政相对人，即出现了特殊困难和特殊情况以及符合法定条件的公民、法人和其他组织。[②] 第三，行政给付权的内容是赋予被帮助人以一定的物质权益或与物质相关的权益。行政给付的内容主要体现在物质权益上，被帮助人通过行政给付获得一定的物质以帮助自己解决困难。这种物质可以是直接的财物，也可以是与财物相关的其他利益，如免费受教育等。第四，行政给付权是法定的。在西方发达国家，大都制定了有关行政给付的基本法律，例如，英国的《国民救助法》（1948年），德国的《社会救助法》（1966年）。在我国，相应的行政给付立法虽不完备，但行政给付权的设定依然要符合法律、法规、规章的要求，并遵循法定的程序来实施。第五，行政给付权是可诉性的。随着社会物质财富的积累、文明程度的提高和人权意识的增

---

① 这种观点是我国学者的通说，罗豪才、应松年、姜明安等学者均在此意义论述行政给付。参见罗豪才主编：《行政法学》（新编本），北京大学出版社1996年版，第242页；应松年主编：《行政法学新论》，中国方正出版社1999年版，第290～291页；姜明安主编：《行政法与行政诉讼法》，法律出版社2002年版，第132页。

② 有观点认为，行政给付权的对象仅仅局限于公民，其实不然。公民和组织都可以成为行政给付的对象，如对于某个组织举办的文化活动，行政机关出于鼓励和扶助的目的，可给予一定的物质帮助。参见应松年主编：《行政法学新论》，中国方正出版社1999年版，第291页。

强，行政给付权也从过去的一种“恩惠”上升到一种法律上的权利。公民与行政主体之间形成一种权利与义务关系，当行政主体违法拒绝给付时，公民理所当然地可以按法定程序寻求救济。

行政给付权的设定与实施，包括行政给付权设定与实施需遵循的原则、行政给付的形式、设定方式、实施程序等问题。

行政给付权设定与实施需遵循的原则[①]主要有：（1）基本生活保障原则。行政给付的目的在于保障人民的“最低生活水准”。因为个人尊严、自由发展等基本权利都必须以人的继续生存为前提，给付请求权是生存权的必然延伸。因此，这就要求国家积极的作为，建立相应的行政给付制度，提供各种必要的服务，使得人民能享有维持人性尊严最起码的生活条件，并有能力克服生活上的各种风险。但行政给付提供的仅仅是满足最低要求的资金或实物，因为这既体现了现代社会下的生存权保障，又避免了申请人产生不劳而获的思想。例如，1999年9月28日颁布的《城市居民最低生活保障条例》第3条规定：“城市居民最低生活保障制度遵循保障城市居民基本生活的原则，坚持国家保障与社会帮扶相结合、鼓励劳动自救的方针。”（2）补充性原则。国家的行政给付，其目的在于协助个人渡过急难时期，而非永远承担供养人民的责任。个人的自我责任始终是第一位的，作为行政给付主体的行政主体仅仅承担第二位的义务，“行政主体以一般纳税人的负担所进行的给付活动，原则上是对私人或家庭、市町村等共同体无法充分实现其生活上的重要利益时，实施的补充性活动”。[②]（3）平等原则。符合行政给付条件的相对人有平等请求国家提供保护和帮助，并获得平等给付内容的权利。凡未达到最低生活水平的公民，不论其困难大小，都应

① 朱新力主编：《行政法学》，高等教育出版社2004年版，第238~239页。

② 杨建顺：《日本行政法通论》，中国法制出版社1998年版，第333页。

由政府补足其差额，保障其最低限度的基本生活。从具体操作来看，制定科学合理的最低生活水平线是行政给付得以正常发挥作用的基本条件。在我国的行政给付实践中，还存在不同利益群体之间、不同地区之间以及城乡之间给付条件和标准的差距，应对其进一步加以改进和完善。（4）时限原则。行政给付不仅直接影响到申请人的生存利益，而且还关系到国家和社会的稳定与和谐。因此，有必要在行政给付中引入时限原则，要求给付机关在遵守法定期限的前提下，及时对申请进行审查并作出决定。《城市居民最低生活保障条例》第 8 条第 3 款规定："管理审批机关应当自接到申请人提出申请之日起的 30 日内办结审批手续。"《最高人民法院关于执行〈中华人民共和国行政诉讼法〉若干问题的解释》第 39 条第 1 款规定："公民、法人或者其他组织申请行政机关履行法定职责，行政机关接到申请 60 日内不履行的，公民、法人或者其他组织向人民法院提起诉讼，人民法院应当依法受理……"这一规定从诉讼的角度为行政机关确定了履行职责的期限，对行政机关履行职责的期限起到了一定的规范作用。（5）信赖保护原则。信赖保护原则指行政相对人对行政权力的正当合理信赖应当予以保护，行政机关不得擅自改变已生效的行政行为。合法的行政给付行为属于授益行政行为，根据法律安定性的要求和信赖保护原则，原则上不能废止，行政给付只能在一定条件下才能改变。《荷兰行政法通则》第 51 条规定，如果主观或客观情况发生了重大改变，以至于不能继续提供给付或不能不变地提供给付时，行政机关必须事先经过合理期限的告知。在我国，行政给付也应进行连续性的、稳定的供给，如果改变有关给付基准时，应事先告知相对人，并对行政主体的变更权设置一定的限制。

行政给付一般表现为行政主体赋予给付对象一定的物质上的权益或与物质相关的权益，物质上的权益表现为给付相对人一定数量的金钱或实物；与物质相关权益的表现形式很多，如相对人享受免费入学教育、给予相对人公费医疗待遇等。综合目前我国有关法律、法规、规章和政策的规定，行政给付主要包括如下几种方式：[①] (1) 发放现金。发放现金是主要的行政给付方式，这也是各国通行的做法。例如，城市居民最低生活待遇的发放、社会救济金等。(2) 给付实物。给付实物是一种补充式的行政给付形式。这种行政给付方式不直接给被救助对象发放现金，而是赋予其某种与物质相关的权益，给付的范围多为公民衣食住行方面的生活必需品，具体形式很多，如优惠供应面粉、提供廉价住房，减免学杂费等。(3) 救助安置。救助安置是国家或代表国家的行政主体建立各种设施，对特定的对象予以收留，并满足其基本物质生活的需要。救助安置的对象主要是无固定居所的公民，因年老体弱、身体或精神上有缺陷以及患病或遭受伤害不能独立生活而需要特别救助者。(4) 减免费用或提供服务。这种方式通过对公民减免特定的费用，使得其本应缴纳该费用才能实现的权利得以实现。典型表现是法律援助制度。该制度是一种司法救助制度，是国家以法律化、制度化的形式为经济困难的当事人提供免费或减费的法律帮助，以保障其利益的实现。跟行政许可权、行政处罚权、行政征收权、行政强制权一样，行政给付权原则上同样应当遵循法设定规则。[②] 行政给付权的实施程序应当包括行政给付的决定程序与执行程序。行政给付决定程序由申请、受理、审查、决定等环节组成，视行政给付方式与对象的不同包含简易程序、一般程序以及听证程序等具体程序规则。行政给付的执行程序包括当场执行与事后执行。其中金

---

① 林莉红、孔繁华：《行政给付研究》，载武汉大学法学院：《珞珈法学论坛》（第2卷），武汉大学出版社2002年版，第52页。

② 给付行政应当适用法律保留一直是西方学者研究的一个热点问题。目前，我国尚处于鼓励行政主体积极行使行政给付权阶段，因此学界普遍认为给付行政也应当适用法律保留的条件尚不具备。参见孟鸿志主编：《行政法学》，北京大学出版社2002年版，第60页。近年来，屡屡发生的低保之争（如2013年厦门公交车爆炸案背后的低保问题）等问题凸显出行政给付权亟须法治化的大势所趋。

钱或者实物的给付，特别要从执行制度上保证行政给付相对人的权益，防止相关机关、组织、个人截留、挪用以及冒领等。

（七）行政奖励权

一般意义上，奖励是指“赞许和鼓励”、[①]“给予荣誉或财富来鼓励”。[②] 行政奖励权作为一项行政执法权，是指行政主体按照法定的条件和程序，对为国家和社会作出突出贡献或模范地遵纪守法的单位和个人给予物质或精神奖励。行政奖励权具有以下特征：第一，行政奖励实施的主体是国家行政机关或法律法规授权的组织。第二，行政奖励的内容是给予受奖者物质或精神利益。物质奖励是指给受奖人颁发奖品或奖金等；精神奖励是指给予受奖人通报表扬、通令嘉奖，乃至晋级、晋职等荣誉。上述奖励形式可单独使用，也可合并使用，在实践中两者经常合并使用。第三，行政奖励的目的在于表彰先进，激励和推动后进，调动和激发广大人民群众的积极性和创造性。第四，行政奖励的对象是对国家和社会作出突出贡献或模范地遵纪守法的个人、组织，其范围相当广泛，国家行政机关及其公务员、普通公民、企事业单位、社会团体乃至外国组织或个人等，都可以成为行政奖励对象。其中，针对国家行政机关及其公务员的奖励，习惯上称之为内部行政奖励，从行政执法权的角度一般不予研究。第五，行政奖励是授益性行政权力。授益性行政权力是指行政主体授予相对人某种权益的行政权力，授益的内容既可能是物质利益，也可能是与物质有关的利益，行政奖励权是典型的授益性行政权力，它不是行政主体的“恩赐”，而是对符合法

---

① 《辞海》，上海辞书出版社 1980 年版，第 647 页。

② 《现代汉语词典》，商务印书馆 1983 年版，第 560 页。

定条件的受奖者依法予以奖励的行政权力。[①]

行政奖励权的设定与实施，应当遵循下列原则：第一，依法奖励原则。行政奖励权作为授益性行政权力，能够给受奖者带来物质或精神上的利益，甚至是巨大的利益，如果行政奖励权的设定与行使充满随意性，势必影响行政奖励目的的实现，甚至产生负效应。因此，任何行政奖励都必须坚持法定的标准和条件，否则构成违法奖励。第二，精神奖励和物质奖励相结合原则。物质奖励与精神奖励是辩证的统一体，是不能互相割离的两个方面。物质奖励与精神奖励相辅而行，才能发挥行政奖励的整体效益。第三，行为与奖励相当原则。这一原则实质上是行为与法律后果相一致的法理精神的具体化，与过罚相当法律原则有异曲同工之效。在实施奖励时，奖励的内容和形式必须与被奖励的行为相一致，奖励的等级与贡献的大小相适应，做到论功行赏，合理适度。第四，公正、平等、民主原则。作为赋权性的行政奖励，必须以实际功绩和贡献为评奖的唯一依据，必须有一套体现民主、公正和平等的评奖机制。公正、平等的原则，首先要求做到机会均等，按照法定的程序实施奖励，凡符合法定条件者，人人都有平等受奖励的权利。公正、平等的原则还要求行政奖励的程序民主、公开，以确保对行政奖励的有效监督。

行政奖励的种类和形式，根据不同的标准有如下分类。依行政奖励的内容，行政奖励可分为物质行政奖励、精神行政奖励和职权性奖励。物质行政奖励指发给受奖人一定的奖金、奖品或者其他实物形式作为奖励的手段，来满足奖励对象的利益需要，从而达到行政目的的一种行政奖励；精神行政奖励，即行政主体以通令嘉奖、记功、记大功、授予荣誉称号等具有一定象征意义的符号，对奖励

① 从行政主体的角度看，行政奖励权是授益性行政权力，行政主体不能自行选择或放弃；从受奖者的角度看，行政奖励权即获得行政奖励的权利，受奖者可以自行选择接受或放弃。因此，同行政处罚权、行政征收权等不同，行政奖励权通常不具有强制执行力。

对象的价值观念、行为方式等给予奖励；职权性奖励指以晋级、晋职等方式赋予奖励对象从事某种活动或获得一定权利的资格的奖励。依行政奖励的性质，行政奖励可分为赋予权利的奖励和减免义务的奖励、对非义务性行为的奖励和对义务性行为的奖励。总之，行政奖励的形式多种多样，不同法律规范针对不同的对象规定了不同的形式。归纳起来主要有：发给奖金或奖品；通报表扬；通令嘉奖；记功；授予荣誉称号；晋级；晋职。

行政奖励权作为一项重要的行政执法权，其实施主体、实施条件、实施程序等原则上都应该遵循法设定。行政奖励实施主体是指谁有资格实施行政奖励的主体，即谁有资格实施行政奖励行为。关于行政奖励的主体曾有如下三种观点：第一，行政奖励的主体只能是行政机关（狭义论），这在早期出版的行政法学教材中较为常见；[①] 第二，除行政机关以外，行政机关委托或法律、法规授权的组织、单位，也可以成为行政奖励的主体（广义论），这是行政法学界中的主流观点；[②] 第三，行政奖励主体还应进一步包括未经授权的企事业单位、社会组织等，故企事业单位对其所属成员的奖励亦属于行政奖励（最广义论）。既然行政奖励权在性质上是一类行政执法权，通常而言，只有具有行政奖励权的主体才有可能实施行政奖励行为。由此看来，行政机关或法律法规授权的组织才是行政奖励的主体。其中，行政机关是行政奖励的当然主体，各级人民政

---

① 参见姜明安主编：《行政法概论》（北京大学试用教材），北京大学出版社1986年版，第226页；杨海坤：《中国行政法基本理论》，南京大学出版社1992年版，第369页；杨惠基：《行政执法概论》，上海人民出版社1998年版，第169页。

② 应松年教授早在1992年就坚持行政奖励的主体除了行政机关外，还包括法律法规授权的组织，姜明安教授在其后来主编的教材中已经将行政奖励的主体用“行政主体”的概念进行了扩展。参见应松年主编：《行政行为法》，人民出版社1998年版，第387页；姜明安主编：《行政法与行政诉讼法》，北京大学出版社、高等教育出版社1999年版，第193页。

府、各级政府的工作部门在实施国家行政管理的过程中，有权对符合条件的对象依法给予行政奖励；法律、法规授权的组织，在法律、法规授权范围内有权对符合条件的对象依法给予奖励。考虑到行政奖励权的授益性，应当承认具有行政奖励权的行政机关有权依法委托其他行政机关或者具有公共管理职能的社会组织实施行政奖励权。但是，对于未经授权的企业、事业单位或一般社会组织等非行政主体独立实施的奖励行为，由于这种奖励一般是根据其内部规则对所属成员给予的奖励，是授奖者与受奖者之间内部管理关系的体现，因此通常认为这种内部奖励是一种非公共行政，不属于行政奖励权的范畴。除实施主体外，行政奖励权的实施条件必须符合法定的奖励条件和标准。行政奖励实施主体在实施行政奖励时，要适用相关的法律、法规规定的具体条件和标准，而不能擅自拟定条件和随意确立标准。至于行政奖励权的实施程序，由于行政奖励的对象复杂，种类繁多，各种行政奖励在程序上均有其特殊性。归纳起来，行政奖励一般都经过下述几个共同阶段：（1）申请。一般而言，行政奖励权因行政相对人的申请而启动。即便行政相对人符合行政奖励的条件，如果不提出申请，行政奖励权的实施主体很难主动而为。实践中，即便是行政奖励权实施主体依法定条件自行确定被奖励人，从实施程序上一般也要求已经确定的被奖励人补充申请。因此，符合法定条件的相对人向行政奖励权实施主体提出申请是行政奖励权实施程序的必经之路。（2）审查。行政奖励权实施主体收到申请后，在规定期限内对相对人是否符合行政奖励的条件进行审查。（3）公示。行政奖励审查通过后，应在一定范围内以一定方式公示，公示程序是行政奖励生效的必经程序。（4）决定。公示期满，对经公示符合法定条件的行政奖励申请人作出行政奖励决定。（5）颁发。向符合法定条件的行政奖励申请人颁发奖金或荣誉证书等。

目前，我国的行政奖励制度存在许多问题，如奖励标准不明，程序不规范，奖励制度的设立、取消、废止比较随意等。由于尚无统一的行政奖励法，有关行政奖励的种类和形式、实施主体、实施条件、实施程序等还很不统一。实践中，侵害行政奖励相对人权利的行为时有发生。在“有权利必有救济”已成为一条法律公理的法治社会，行政奖励相对人的权利受到侵害时，同样可以通过行政复议和行政诉讼途径寻求法律救济。

三、行政司法权

行政司法权是指行政主体作为某项争议的第三人，对当事人的纠纷进行调解、仲裁、裁决和复议的行政权力。在现代社会，行政司法权的出现本质上是行政权不断扩张的结果。我国当前的行政司法权主要表现为行政复议权、行政裁决权、行政仲裁权、[1] 行政调

---

① 在我国，通常认为，行政仲裁的范围主要是劳动争议和特定的人事争议。根据2007年通过的《劳动争议调解仲裁法》的规定，劳动争议仲裁也已退出行政仲裁的范畴。至于人事争议仲裁，根据人社部（2011）88号《中组部、人力资源和社会保障部、总政治部关于修改〈人事争议处理规定〉的通知》的精神，人事争议仲裁也严格贯彻《劳动争议调解仲裁法》的规定，事实上也已逐步退出所谓的行政仲裁。目前，能够提起人事争议仲裁的范围仅包括：（1）实施公务员法的机关与聘任制公务员之间、参照《公务员法》管理的机关（单位）与聘任工作人员之间因履行聘任合同发生的争议；（2）事业单位与工作人员之间因解除人事关系、履行聘用合同发生的争议；（3）社团组织与工作人员之间因解除人事关系、履行聘用合同发生的争议；（4）军队聘用单位与文职人员之间因履行聘用合同发生的争议；（5）依照法律、法规规定可以仲裁的其他人事争议。随着我国事业组织改革步伐的加快，事业组织与其工作人员之间的争议将会更多地通过劳动争议仲裁解决，人事争议仲裁将主要集中于与国家行政机关和其所属的聘任制公务员之间的争议。按照《公务员法》第100条第4款的规定：“聘任制公务员与所在机关之间因履行聘任合同发生争议的，可以自争议发生之日起六十日内向人事争议仲裁委员会申请仲裁。当事人对仲裁裁决不服的，可以自接到仲裁裁决书之日起15日内向人民法院提起诉讼。仲裁裁决生效后，一方当事人不履行的，另一方当事人可以申请人民法院执行。”

解权[1]等。

（一）行政复议权

行政复议一词，是随着20世纪80年代我国行政法学的兴起，行政法学界对国家行政机关审查和裁决行政争议这种特定的法律现象所做的抽象和概括。我国台湾地区把这种法律现象称作“行政诉愿”，香港地区则称为“行政上诉”。从行政复议的内涵来看，行政复议制度可追溯到新中国成立之初。当时行政复议以各种单行法规、规章的零散规定为主要形式，主要集中存在于财政、税务、海关等领域。这一时期的主要特点是：行政复议决定为终局决定，当事人不得对复议决定提起诉讼。到1990年12月为止，我国已有100多部法律、行政法规规定了行政复议制度。1990年12月24日，国务院发布了《行政复议条例》，1991年1月1日起施行。标志着我国的行政复议制度进入了一个新的发展阶段。但未能对业已存在的行政复议法律规范进行大一统。1994年10月9日，国务院对上述条例进行了部分修订。1999年4月29日，《行政复议法》通过，1999年10月1日起施行。该法对业已存在的行政复议法律规范进行大一统。该法第42条明确规定：“本法施行前公布的法律有关行政复议的规定与本法不一致的，以本法的规定为准。”就行政复议权的性质而言，可以从不同的角度予以分析：（1）从行

① 严格来说，行政调解权不是完全意义上的行政权力。例如，根据《治安管理处罚法》第9条的规定，对因民间纠纷引起的打架斗殴或者损毁他人财物等违反治安管理的行为，情节较轻的，公安机关应当本着化解矛盾纠纷、维护社会稳定、构建和谐社会的要求，依法尽量予以调解处理。特别是对因家庭、邻里、同事之间纠纷引起的违反治安管理行为，情节较轻，双方当事人愿意和解的，如制造噪声、发送信息、饲养动物干扰他人正常生活，放任动物恐吓他人、侮辱、诽谤、诬告陷害、侵犯隐私、偷开机动车等治安案件，公安机关都可以调解处理。同时，为确保调解取得良好效果，调解前应当及时依法做深入细致的调查取证工作，以查明事实、收集证据、分清责任。调解达成协议的，应当制作调解书，交双方当事人签字。

政复议机关来看，既是在依法行使行政职权，也是在以第三者身份裁决特定争议而行使准司法权，因而兼具行政性和司法性。(2）从行政复议申请人的角度看，是行政相对人依法行使复议请求权，属于行政救济权的一种。（3）从被申请行政机关来看，是上一级行政机关或特定行政机关对其行使行政职权的层级监督，属于行政法治监督权的一种。概括而言，行政复议兼具行政性和司法性，行政复议权形式上表现为行政司法权，实质上又是行政救济权与行政法治监督权的结合，因为其基本作用就在于既保护公民、法人和其他组织的合法权益，又维护和监督行政机关依法行使职权，纠正和防止违法或不当的行政行为。

根据《行政复议法》的规定，行政复议是指公民、法人或其他组织认为行政主体的行政行为侵犯其合法权益，按照行政复议法律规范向作出该行政行为的上一级行政机关或其他法定行政机关提出申请，受理申请的行政机关对该行政行为进行复查并作出决定的活动。从行政复议的概念可以看出，行政复议具有如下特征：(1）行政复议申请人（发起人）是认为其合法权益受到行政主体的行政行为侵犯的公民、法人或其他组织；行政复议受理人是作出该行政行为的上一级行政机关或其他法定行政机关；行政复议被申请人是作出该行政行为的行政主体。（2）行政复议的对象是认为侵犯申请人合法权益的行政主体的行政行为。（3）行政复议是行政复议受理人对被申请复议的行政行为进行复查并作出决定的活动。在行政复议法律关系中，行政复议机关作为受理复议申请，依法对被申请行政行为进行审查并作出决定的行政机关，在行政复议活动中起主导作用，是行政复议活动的核心。具体行使行政复议受理权、收集证据权、审理权、决定权等。同时，要很好地理解行政复议权，还需要准确区分它与申诉权、信访权的异同。行政复议请求权源于《宪法》第41条赋予公民的申诉权，因而行政复议是申诉的一种方式。但行政复议只能向享有行政复议权的行政机关提出，申诉除行政机关外还可向权力机关、司法机关和党的组织的机构提出。信访权源于《宪法》第41条赋予公民的控告、检举权，实施上依据《信访条例》，通常是反映情况、提出意见、建议和要求。

1. 行政复议权的设定

行政复议的核心是审查特定行政行为。但行政行为本身却是一个极其宽泛的概念，并不是所有的行政行为都有可能或有必要进入行政复议程序，如对当事人不具强制力的行政指导等。因此，研究行政复议权的设定，首先要探讨行政复议的范围。行政复议范围是指行政复议机关依照行政复议法律规范的规定可以受理的行政案件的范围。从不同的角度看内涵不同：对行政复议机关而言，行政复议范围实际上表示的是行政复议权的广度和深度。对申请人而言，行政复议范围意味着申请人对哪些行政行为享有申诉权，并可以通过行政复议这样一种法律化的救济机制来主张和维护自己的合法权益。对被申请人而言，行政复议范围意味着哪些行政行为能够受到复议审查的监督。在我国，行政复议范围经历了一个不断发展变化的过程。新中国成立后很长一段时期，行政复议制度仅存在于一些单行的行政法规之中，行政复议范围严格来讲无从谈起。1990年12月24日通过的《行政复议条例》，明确规定了行政复议范围，但其界定基本脱胎于1989年的行政诉讼法的规定。1994年虽作修改，但效果极其有限。因此，在《行政复议法》出台前，行政复议范围基本停留在行政处罚行为、行政强制措施、行政许可行为、侵犯经营自主权、不发放抚恤金、违法要求履行义务、不履行保护人身权和财产权职责以及侵犯其他人身权、财产权等八类具体行政行为的复议范围内。1999年通过的《行政复议法》，本着最大限度地扩大行政复议范围的精神，在如下方面进行了大胆突破。

从行政主体行政的角度看，突破表现在：一方面，将抽象行政行为纳入行政复议范围。根据《行政复议法》第7条，对国务院部门的规定；县级以上地方各级人民政府及其工作部门的规定；乡、镇人民政府的规定（部委规章和政府规章依照法律、行政法规的规定进行审查），在对具体行政行为申请行政复议时，可以一并向行政复议机关提出审查申请。另一方面，大大扩大了具体行政行为的范围。在原有具体行政行为的基础上，增加了许多新的具体行政行为。增加的主要种类有：(1) 警告、没收违法所得、暂扣许可证或执照的行政处罚；(2) 变更、中止、撤销许可证、执照、资质证、资格证等证书的行政行为；(3) 确认土地、矿藏、水流、森林、山岭、草原、荒地、滩涂、海域等自然资源的所有权或使用权的行政行为；(4) 变更或废止农业承包合同的行政行为；(5) 被认为违法集资、征收财物、摊派费用等行政行为；(6) 未依法办理申请资质证、资格证等证书或申请行政机关审批、登记有关事项的行政确认或行政许可行为；(7) 未依法履行保护受教育权利的法定职责的行政行为；(8) 未依法发放社会保险金或最低生活保障费的行政行为；(9) 被认为侵犯合法权益的其他行政行为。

从行政相对人权益的角度看，突破表现在：(1) 原有的人身权、财产权保护内容得到了充实。增加了名誉权、荣誉权等人身权保护内容和合法财产不受侵犯权、自然资源的所有权或使用权、承包权、社会保险权、最低生活保障权等财产权保护内容，同时也将与人身权、财产权相关的行为能力保护等纳入行政复议范围。(2) 增加了受教育权和"其他合法权益"的规定，使纳入行政复议范围的行政相对人权益有了质的突破。根据《行政复议法》第6条第（十一）项的规定（习惯上称之为"保底条款"），只要行政相对人认为具体行政行为侵犯了其合法权益，均可提起行政复议。这样，诸如选举权与被选举权等政治权利、劳动权、休息权、环境权以及我国已加入且批准的《经济、社会及文化权利国际公约》和正在批准的《公民权利和政治权利国际公约》规定的合法权益均在其中。

归纳起来，根据《行政复议法》第2条、第6条、第7条和第8条的规定，行政复议范围的确定方式是概括式+列举式+排除式，行政复议范围在种类上主要有11类，另有3类明确排除在行政复议范围之外。列举的有：(1) 行政处罚行为，包括警告、罚款、没收违法所得、没收非法财物、责令停产停业、暂扣或吊销许可证、暂扣或吊销执照、行政拘留等；（2）行政强制措施，包括限制人身自由，查封、扣押、冻结财产等；（3）行政许可行为，包括办理申请资质证、资格证等证书或申请行政机关审批、登记有关事项，变更、中止、撤销许可证、执照、资质证、资格证等证书；（4）行政确认行为，包括确认土地、矿藏、水流、森林、山岭、草原、荒地、滩涂、海域等自然资源的所有权或使用权等；（5）行政合同行为，包括变更或废止农业承包合同等。（6）侵犯合法的经营自主权；（7）行政机关违法集资、征收财物、摊派费用或违法要求履行其他义务；（8）不履行保护人身权利、财产权利、受教育权利的法定职责的行为；（9）不依法发放抚恤金、社会保险金或最低生活保障费的行为；（10）侵犯合法权益的其他行为；（11）抽象行政行为，包括国务院部门的规定，县级以上地方政府及其工作部门的规定、乡、镇政府的规定。排除的有：（1）部委规章和政府规章，其审查依法律、行政法规办理，现行规定主要是上一级政府裁决；（2）行政处分或其他人事处理，依照有关法律、行政法规办理，现行规定是申请人事争议仲裁；（3）对民事纠纷的调解或其他处理，现行规定主要是当事人依法申请仲裁或向人民法院提起民事诉讼。

上述行政复议范围的具体设定，主要通过《行政复议法》、《行政诉讼法》① 以及其他单行法律的方式设定，《行政复议法实施条例》、其他行政法规、地方性法规甚至规章可以在法律规定的范围内作出具体规定，但一般不能限缩行政复议的范围；法律尚未作出具体规定的，其他行政法规可以具体明确行政复议事项；法律、行政法规尚未作出具体规定的，地方性法规可以具体明确行政复议事项；法律、法规尚未作出具体规定的，规章也可以具体明确行政

① 根据该法第37条的规定，对属于人民法院受案范围的行政案件，公民、法人或其他组织可以先向上一级行政机关或者法律、法规规定的行政机关申请复议。

复议事项，但其他规范性文件不得设定行政复议事项。值得注意的是，2013 年 7 月 1 日施行的《出境入境管理法》第 36 条明确规定，公安机关出入境管理机构作出的不予办理普通签证延期、换发、补发，不予办理外国人停留居留证件、不予延长居留期限的决定为最终决定。这一规定事实上开启了以单行法律形式限缩行政复议范围的先河。

2. 行政复议权的实施

行政复议权的实施，主要包括行政复议权行使需遵循的原则、行政复议的管辖、行政复议的程序等问题。

根据《行政复议法》第 4 条的规定，行政复议需遵循如下具体原则：（1）合法原则，即承担复议职责的行政机关，必须严格按照宪法和法律规定的职责权限，以事实为根据，以法律为准绳，对行政相对人申请复议的行政行为，按法定程序进行审查。主要包含：第一，履行复议职责的主体合法，即享有法律、法规赋予的复议权。第二，审理复议案件的依据合法，即依据现行有效的法律、行政法规、地方性法规、民族自治地方的自治条例和单行条例、规章、上级行政机关制定的其他规范性文件等。第三，程序合法，行政复议的步骤（如申请、受理、审查、决定、执行）、行政复议的形式、顺序、时限等合法。（2）公正、公开原则。就词义来说，所谓公正，即公平正直，没有偏私；所谓公开，即正大光明，不加隐蔽。公正原则，是指行政复议应当审查被复议行政行为的合理性（适当性）。按照公正原则，行政复议除审查行政行为的合法性外，还要审查行政行为是否在法定的幅度和范围内，即行政自由裁量的合理性。[①] 公正原则是行政复议的本质体现，是对合法原则的必要补充和深层次要求。公开原则，是指行政复议依法应当向行政复议申请人和社会公开。按照公开原则，行政复议的依据是公开的，过程是公开的。在整个行政复议过程中，申请人有了解有关情况的权

① 见《行政复议法》第 3 条第（三）项、第 28 条。

利。它是行政复议的形式要求，是合法原则和公正原则的外在表现形式。[1]（3）及时原则，即行政复议应当在法律规定的时限内及时完成。具体包括：受理及时，审查及时，决定及时，执行及时等。（4）便民原则，即行政复议应尽量方便复议申请当事人特别是复议申请人。主要体现在：第一，立法上，尽可能为当事人提供便利条件，如申请期限的中止（《行政复议法》第9条第2款）、选择管辖（《行政复议法》第12条、第14条至第15条）、口头申请（《行政复议法》第11条）、不收取任何费用（《行政复议法》第39条）等。第二，执法上，尽可能在法定范围内为当事人提供便利条件，如受理（《行政复议法》第17条）、转送（《行政复议法》第18条）、审查（《行政复议法》第22条）、合并审查（《行政复议法》第29条）等。

行政复议管辖具体指哪一类行政争议应由哪一类行政职能部门或哪一层级的行政机关具体进行复议并作出复议决定的权限划分。[2] 习惯上，通常把享有行政复议权的行政机关之间在受理复议案件方面的分工与权限称为复议管辖。根据行政争议标的性质，行政复议管辖可分为一般管辖与特殊管辖。

行政复议的一般管辖是指按照行政机关的上下隶属关系确定行政复议案件由有领导权或指导权的上一级行政机关管辖，分为主管部门管辖（条条管辖）和政府管辖（块块管辖）。（1）对县级以上地方各级人民政府工作部门的具体行政行为不服的复议管辖机关，由申请人选择，可以向该部门的本级人民政府申请行政复议，也可以向上一级主管部门申请行政复议。这一制度设计充分体现便民原则，亦称为选择管辖。（2）对地方各级人民政府（包含省、自治区

---

① 见《行政复议法》第17~18条、第23条、第31条。

② 按照《行政复议法实施条例》的规定，各级行政复议机关应当认真履行行政复议职责，领导并支持本机关负责法制工作的机构（行政复议机构）依法办理行政复议事项。

人民政府依法设立的派出机关）的具体行政行为不服申请复议，由其上一级人民政府管辖。（3）对实行垂直领导的行政机关（海关、金融、国税、外汇管理等）和国家安全机关的具体行政行为，由其上一级主管部门管辖，此即“条条管辖”。（4）对国务院部门和省级人民政府的具体行政行为，先由原具体行政行为作出的机关复议，对复议决定不服的，可以直接向人民法院提起行政诉讼，也可以申请国务院作出最终裁决。这一制度设计既包含了复议前置制度，也包含了行政终局制度，此即所谓极具中国特色的两级复议模式。

行政复议的特殊管辖是指不适用一般管辖原则，需要特殊对待的行政复议管辖。主要有：（1）不服派出机关（行政公署、区公所、街道办事处）和派出机构（如公安派出所、税务所、工商所）的具体行政行为，由设立该派出机构的人民政府和部门管辖，其中后者也可由该部门的本级地方人民政府管辖。（2）对法律、法规授权组织的具体行政行为，分别由管理该组织的地方人民政府、地方人民政府工作部门或国务院部门管辖。（3）对共同行政行为，由其共同上一级行政机关管辖。其中同一政府所属的共同行政行为由共同行政行为所从属的人民政府管辖，不同级别的政府所属的共同行政行为由领导共同行政行为机关的政府或共同行政行为的上一级主管部门选择管辖，不同政府的共同行政行为由共同作出具体行政行为的政府的上一级政府管辖。（4）对被撤销的行政机关在其被撤销前作出的具体行政行为，由继续行使其职权的行政机关的上一级行政机关管辖。

行政复议的程序，大致包括行政复议的申请、受理、审查、决定和执行等环节。

在行政复议的申请环节，申请复议的条件是：（1）申请人必须是认为具体行政行为侵犯其合法权益的公民、法人或其他组织。（2）有明确的被申请人。（3）有具体的复议请求和事实根据。表现为：撤销或变更具体行政行为，对相关的抽象行政行为进行审查与处理、一并提出行政赔偿请求。（4）属于复议范围。（5）必须在法定期限内申请复议。一般期限：自知道该具体行政行为之日起60日内，即60日为最短期限；特殊期限：法律可以另行规定，但只能超过60日；规定未超过60日的，一律按60日计算，如原《治安管理处罚条例》规定为5日，实践中应执行60日。复议申请期限的中止：因不可抗力或其他正当理由，自障碍正式消除之日起继续计算。申请的方式有书面申请和口头申请。内容包括：（1）复议申请人的基本情况；（2）作出具体行政行为的行政机关的名称、地址；（3）申请复议的请求及事实理由；（4）提出复议申请的时间；（5）其他材料以及申请人所提供的证据。行政复议申请的提出，并不必然产生行政复议机关行使行政复议权的法律后果。因为复议机关可以对不符合法定条件的复议申请不予受理。申请人在提出复议申请后，原具体行政行为还必须执行，即《行政复议法》第21条规定的“复议期间具体行政行为不停止执行。”但在如下几种情形下可以停止执行：（1）被申请人认为需要停止执行的。主要有：具体行政行为依据的规范性文件尚未生效或已经失效；发现适用规范性文件有明显错误；发现本身滥用职权或有越权现象；对行政相对人的主要违法事实认定有错误。（2）行政复议机关认为需要停止执行的。（3）复议申请人停止执行，行政复议机关认为其要求合理，裁定停止执行的。其中（2）（3）的共同条件为，行政复议机关认为停止执行并不损害社会公益，而不停止执行有可能带来难以弥补的损失或基于其他特殊原因。此外，法律规定可以停止执行的也可以停止执行，如《治安管理处罚法》规定在提供担保人或交纳保证金时，在复议期间原行政拘留决定暂缓执行。

在行政复议的受理环节，收到复议申请之日起5日内审查复议申请事项，决定是否受理。审查复议申请的事项包括：第一，复议申请是否符合法定的实质要件，具体有：（1）行政机关的具体行政行为是否涉及复议申请人的合法权益；（2）复议申请事项是否属于行政复议范围等。第二，是否超过法定的期限，若超过，有无中止事由。第三，复议申请提出前，是否已向法院提起诉讼。第四，是否属于其管辖范围。对复议申请的处理包括下列情形：（1）直接受理，即符合条件的，收到申请即为受理，亦即“直接受理制”而非“决定受理制”；（2）决定不予受理，主要针对不符合申请复议条件的情形；（3）告知不受理，主要针对符合申请条件但不属于其管辖范围的情形。

在行政复议的审理环节，行政复议的审查原则上实行书面审理，而不是开庭审理。行政复议机关自申请受理之日 7 日内向被申请人发送申请书副本，被申请人自收到申请书副本之日起 10 日内进行答辩，向行政复议机关提交答辩书，提交当初作出具体行政行为的证据依据和其他相关材料。复议审查不受复议申请书事项的限制，即实行全面审查。复议审查不仅审查具体行政行为是否合法与适当，而且审查作出具体行政行为所依据的抽象行政行为。复议审理的依据较为广泛，包括法律、行政法规、地方性法规、自治条例、单行条例、规章、上级行政机关依法制定和发布的具有普遍约束力的决定、命令等。复议审理的一般期限是自受理申请之日起 60 日内作出行政复议决定，需要延长的，最多不超过 30 日，且须经复议机关的负责人批准，并告知申请人和被申请人。值得注意的是，法律规定复议审理期限可以少于 60 日，但不能多于 60 日。

在行政复议决定环节，针对具体行政行为，可以作出如下复议决定：（1）维持决定。适用条件是：第一，认定事实清楚；第二，证据确凿；第三，适用依据正确；第四，程序合法；第五，内容适当。（2）限期履行决定。适用条件是被申请人不履行法定职责。（3）撤销决定，同时可以责令限期重作。（4）变更决定。（5）确认违法决定，并可以责令限期重作。（3）（4）（5）适用的条件是：第一，主要事实不清，证据不足的；第二，适用依据错误的；第三，违反法定程序的；第四，超越或滥用职权的；第五，具体行政行为明显不当的；第六，被申请人不按规定提出书面答复，提交当初作出具体行政行为的证据、依据和其他有关材料的。（6）驳回行政复议申请决定，适用条件是：第一，申请人认为行政机关不履行法定职责申请行政复议，行政复议机关受理后发现该行政机关没有相应法定职责或者在受理前已经履行法定职责的；第二，受理行政复议申请后，发现该行政复议申请不符合《行政复议法》及其实施条例规定的受理条件的。（7）赔偿决定。适用条件是：第一，在申请复议时一并提出行政赔偿请求；若未提出，视具体情况可责令被申请人返还财产，解除对财产的查封、扣押、冻结措施，或赔偿相应的价款。第二，符合国家赔偿法的有关规定。需要指出的是，有下列情形之一的，行政复议机关可以按照自愿、合法的原则进行调解：（1）公民、法人或者其他组织对行政机关行使法律、法规规定的自由裁量权作出的具体行政行为不服申请行政复议的；（2）当事人之间的行政赔偿或者行政补偿纠纷。当事人经调解达成协议的，行政复议机关应当制作行政复议调解书。调解书应当载明行政复议请求、事实、理由和调解结果，并加盖行政复议机关印章。行政复议调解书经双方当事人签字，即具有法律效力。调解未达成协议或者调解书生效前一方反悔的，行政复议机关应当及时作出行政复议决定。针对抽象行政行为，根据《行政复议法》第26条、第27条之规定，有行政复议机关直接处理（有权处理）和复议机关转送有权机关处理两种方式。直接处理的，自受理之日起30日内处理；转送的应在7日内转送，60日之内处理。转送处理期间，中止对具体行政行为的审查。

在行政复议决定的执行环节，按照《行政复议法》的规定，行政复议决定书一经送达，即发生法律效力。具体分两种情况：一是行政复议决定为终局决定。主要有：（1）国务院依照《行政复议法》所作的最终裁决。（2）根据国务院或省、自治区、直辖市人民政府对行政区划的勘定、调整或者征用土地的决定，省、自治区、直辖市人民政府确认土地、矿藏、水流等自然资源的所有权或使用权的行政复议决定为最终裁决。（3）单行法律所规定的行政复议决定为终局决定的，如2013年7月1日施行的《出境入境管理法》第64条规定，外国人对依照本法规定对其实施的继续盘问、拘留审查、限制活动范围、遣送出境措施不服的，其他境外人员对依照本法规定对其实施的遣送出境措施不服的，可以依法申请行政复议，该行政复议决定为最终决定。复议终局决定，申请人和被申请人都应当履行。申请人不履行的，若为维持决定，由作出具体行政行为的行政机关依法强制执行，或申请人民法院强制执行；若为变更决定，由行政复议机关依法强制执行，或申请人民法院强制执行。被申请人不履行或无正当理由拖延履行的，行政复议机关或上级机关应责令其限期履行，对直接负责的主管人员和其他直接责任人员依法给予警告、记过、记大过直至降级、降职、开除的行政处分。二是复议决定不是法定的终局决定。如果申请人对复议决定不服，可以依法提起诉讼；若不服从或在法定期限（收到复议决定之日起15日）内而未提起诉讼的，则必须履行复议决定。

（二）行政裁决权

行政裁决权是指行政主体依照法律授权，对当事人之间发生的与行政活动密切相关的民事纠纷进行审查并作出裁决的行政权力。按照行政权与司法权的分工，行政权力一般不轻易介入民事纠纷，只有在特定民事纠纷与行政活动密切相关时才有限介入。因此，行政裁决权的设定，原则上应由法律、行政法规设定，地方性法规、规章以及其他规范性文件不能设定行政裁决权。根据行政裁决权的这一特性及现行法律、行政法规的规定，我国行政裁决的范围主要包括：（1）特定权属纠纷。权属纠纷，是指双方当事人因某一财产的所有权或使用权归属产生争议，主要集中于土地、矿藏、水流、森林、山岭、草原、荒地、滩涂、海域等自然资源的所有权或使用权纠纷和宅基地、房屋等不动产纠纷。（2）特定侵权纠纷。主要集中于侵犯商标权、专利权、著作权纠纷等，如对商标权、专利权的侵犯引起的纠纷，分别由工商行政管理部门和专利管理机关进行裁决。（3）特定损害赔偿纠纷。这种纠纷广泛存在于治安管理、食品卫生、药品管理、环境保护、医疗卫生、产品质量、社会福利等许多方面。产生损害赔偿纠纷时，权益受到损害者可以依法要求有关行政机关作出裁决，确认赔偿责任和赔偿金额，使其受到侵害的权益得到恢复或赔偿。

行政裁决权的实施，包括行政裁决权的实施主体与实施程序。考虑到行政裁决权的特性，行政裁决权的实施主体应当仅限于县级以上依法具有行政裁决权的行政机关和法律、行政法规授权的组织，不宜存在地方性法规、规章以及其他规范性文件授权或受委托行使行政裁决权的情形。行政裁决的程序一般包括下列环节：(1) 申请。这是启动行政裁决程序的首要环节，申请应当在法定期限内向有管辖权的行政机关提出。(2) 受理。申请一经提出，裁决机关对审查符合受理条件的，即应受理。(3) 调查。调查，是对除纠纷当事人之外的其他了解纠纷事实真相的有关人员进行询问和对相关证据进行收集的活动，这是行政裁决基础性的工作。在调查中，凡是参与审查和裁决的人员，只要与纠纷当事人任何一方或者争议的事项有利害关系，都应回避。(4) 审理。行政裁决主要采取开庭审理方式。审理过程中，一般要开展听证与对质。听证就是裁决机构要面对面地听取当事人对纠纷事实的叙述和对纠纷处理所持的意见和理由；对质就是由当事人双方进行辩论，使每一方都能对对方提出的观点、证据提出反驳意见或作出必要的解释。听证与对质，给当事人双方提供了陈述与辩驳的机会，能够使行政裁决机构和裁决人员在事先调查的基础上进一步搞清事实，辨明是非，进而作出不偏不倚的公正裁断。(5) 裁决。这是行政裁决活动中的结案环节。行政裁决机关受理民事纠纷后，在作出裁决前，都应进行调解。但调解不是强制性的，当事人不愿调解或者调解仍不能结案的，行政裁决机关必须依法作出裁决。被裁决的当事人如果不服行政机关对纠纷作出的裁决，可依法申请行政复议或提起行政诉讼。(6) 执行。行政机关作出的行政裁决生效后（包括法律规定的终局裁决和当事人在法定期限内没有向法院起诉两种情况），有关当事人必须执行，对于在法定期限内不提起诉讼又不履行的，行政机关可以申请人民法院强制执行，或者依法强制执行。

第六章　行政相对人权利

行政相对人权利是公权利，是行政相对人针对行政主体所主张的权利。德国法学家 G. 耶利内克（Jellinek）将这类私人的公权利依其对国家的地位进行了类型划分，包括消极地位的自由权、积极地位的受益权、能动地位的参政权。[①] 这种划分至今仍为德国、日本以及我国台湾地区的行政法学者所采用。应当看到，任何国家，在不同的行政法律关系中，行政相对人权利不尽相同。对这类权利的研究，很难进行详尽列举，只能开展类分研究。参照耶利内克的上述划分方法，结合我国实际，行政相对人权利可以概括为行政参与权、行政保护权、行政受益权、行政法治监督权四个方面。

一、行政参与权

行政参与权是公民参政权的重要组成部分，是行政相对人享有的通过合法途径参加国家行政管理活动的权利。《公民权利和政治权利国际公约》第 25 条规定："每个公民应有下列权利和机会，不受第二条所述的区分和不受不合理的限制：（甲）直接或通过自由选择的代表参与公共事务；（乙）在真正的定期的选举中选举和被选举，这种选举应是普遍的和平等的并以无记名投票方式进行，以保证选举人的意志的自由表达；（丙）在一般的平等的条件下，参加本国公务。"在我国，根据《宪法》、《公务员法》以及大量单

---

① 罗豪才、吴撷英：《资本主义国家的宪法和政治制度》，北京大学出版社 1983 年版，第 94 页。

行行政法律、行政法规的规定，行政参与权主要包括行政管理参与权和行政程序参与权。

（一）行政管理参与权

行政管理参与权主要是指行政相对人参与行政立法、行政执法、行政司法的权利。这些权利主要包括：（1）参与行政法规、规章以及其他规范性文件的制定；（2）参与国民经济和社会发展计划等行政规划与计划的编制和实施；（3）在法定条件下，可以协助行政机关进行某些行政活动，即行政协助权。此外，考取公务员通常也被归入行政管理参与权范畴。

（二）行政程序参与权

行政程序参与权主要体现为行政相对人在行政程序中的各种权利，这些权利主要包括：（1）获得行政信息权。行政相对人有权了解行政主体的各种行政信息，包括各种法律文件、会议决定、制度、标准、程序规则，以及与行政相对人本人有关的各种档案材料。除法律、法规规定应予保密的以外，行政相对人均有权查阅、复制。（2）申请权，即行政相对人请求行政主体启动行政程序的权利，包括行政许可申请权、行政确认申请权、行政奖励申请权、行政给付申请权、行政复议申请权、行政裁决申请权以及听证申请权、回避申请权、卷宗阅览申请权等。例如，我国《行政许可法》和《行政处罚法》就明确规定了行政相对人的听证申请权等。（3）陈述、申辩权。陈述、申辩权是行政相对人就行政案件所涉及的事实及不利指控向行政主体陈述意见的权利，行政法律制度中广泛存在的听取相对人意见制度就是建立在这一行政相对人权利之上的。

二、行政保护权

行政保护权是行政相对人的合法权益获得行政主体平等、有效保护的权利。《公民权利和政治权利国际公约》第26条规定：“所有的人在法律面前平等，并有权受法律的平等保护，无所歧视。在这方面，法律应禁止任何歧视并保证所有的人得到平等的和有效的保护，以免受基于种族、肤色、性别、语言、宗教、政治或其他见解、国籍或社会出身、财产、出生或其他身份等任何理由的歧视。”在我国，根据《宪法》、《行政处罚法》、《行政复议法》、《行政诉讼法》等法律的规定，行政保护权主要包括平等保护权和有效保护权。

（一）平等保护权

平等保护权以宪法规定的公民平等权为基础，亦称受平等对待权。平等保护权的最基本内容是，行政相对人在同等条件下受到行政主体的同等对待，不同条件下形成合理差别。我国各个单行行政法确立的公正原则就是意在保障行政相对人的受平等保护权。在我国当前的行政法治实践中，农民与市民、内资企业与外资企业、国有企业与民营企业的受平等对待权格外值得关注。

（二）有效保护权

有效保护权，即行政相对人的人身权、财产权、受教育权、劳动权、休息权等权利应当得到行政主体切实有效保护的权利。例如，行政相对人享有对自己的私人信息保密的权利，行政主体在行政活动中，非经法定程序不得公开行政相对人的信息；行政相对人享有私有财产所有权，行政主体在行政活动中，非经法定程序不得征收、征用行政相对人的私有财产等。

三、行政受益权

行政受益权是行政相对人依据法律规定从行政主体或通过行政主体的管理活动获得某种权益的权利。行政受益权是第二次世界大战后给付行政迅猛发展的产物。其内容主要体现为，由政府提供公民日常生活所不可缺少的工业和技术性服务，如铁路、交通、邮政、供水供电、文化教育设施、养老福利设施等；由政府提供公民社会生活最低限度的直接保障，如社会保险、社会救助或其他社会福利；由政府根据特殊目的所制定的社会、经济、文化政策而给予公民生活改善措施，如对青少年的保护、培养、知识技术的传授、对个人的资助、对科技文化的推行等。① 在我国，根据《宪法》、《老年人权益保障法》、《妇女权益保障法》、《未成年人权益保障法》、《劳动法》、《义务教育法》、《城市居民最低生活保障条例》等法律法规的规定，行政受益权当前主要包括社会保障权和获得行政奖励权。

（一）社会保障权

行政相对人的社会保障权，是指行政相对人因行政主体提供物质或其他条件保障而得到受益的权利。主要包括：（1）就业保障权，即公民获得工作的机会以及按工作付出的劳动数量和质量取得报酬的权利。这也正是政府每年必须创造多少个就业岗位的权利基础。（2）最低生活保障权。（3）义务教育受保障权。（4）获得物质帮助权，即公民在年老、疾病、丧失劳动能力等特殊情况下有从国家获得物质帮助的权利，如享受养老保险、医疗保险、工伤保险、失业保险、生育保险等社会福利的权利。（5）获得行政救助权，即紧急情况下受行政主体救助的权利，如《人民警察法》第21条规定，人民警察遇到公民人身、财产安全受到侵犯或者处于其他危难情形，应当立即救助。

（二）获得行政奖励权

获得行政奖励权，即对国家和社会作出突出贡献或模范地遵纪守法的个人、组织有权获得行政奖励的权利，大到国家科技奖、五一劳动奖章的评比，小到种粮农民粮食直补款的领取，都是这一行政相对人权利的最好体现。

此外，获得行政赔偿、行政补偿、行政许可、行政指导以及减免税对于行政相对人而言也属于行政受益权。

① 城仲模：《行政法之基础理论》，台湾三民书局1994年版，第917页。

四、行政法治监督权

从行政相对人的角度看，行政法治监督权是行政相对人对行政主体依法享有监督的权利。根据我国《宪法》、《行政诉讼法》、《行政复议法》的规定，行政相对人的行政法治监督权主要有：

（一）批评建议权

行政相对人的批评建议权，即行政相对人对行政主体及其工作人员实施的违法、不当的行政行为有权提出批评，并有权就如何改进行政主体的工作和提高行政管理的质量提出建议和意见。

（二）控告检举权

行政相对人的控告检举权，即行政相对人对行政主体及其工作人员作出的对其本身不公正的行政行为有权申诉，对行政主体及其工作人员的违法、失职行为有权控告和检举。

（三）申请行政复议权

申请行政复议权，即行政相对人对行政主体作出的具体行政行为不服，有权依法申请行政复议。

（四）提起行政诉讼权

提起行政诉讼权，即行政相对人对行政主体作出的具体行政行为不服，有权依法提起行政诉讼。

在我国，信访权也是一种特殊的行政法治监督权。此外，根据我国《行政处罚法》的规定，行政相对人还享有抵制违法行政行为权。抵制违法行政行为权是行政相对人对于行政主体实施的明显违法或重大违法的行政行为有权依法予以抵制，如抵制没有法律依据的摊派、罚款和收费等。它是抵抗权在行政法中的体现。

第七章　行政法治监督权

一、权力机关的行政法治监督权

各级权力机关的行政法治监督权，本质是人民行使当家做主，管理国家事务的重要体现，监督对象主要是那些由权力机关产生，并向权力机关负责的行政机关及其工作人员的公务活动。在我国，规范权力机关行政法治监督权的法律主要有《宪法》、《全国人民代表大会组织法》、《地方各级人民代表大会和地方各级人民政府组织法》、《各级人民代表大会常务委员会监督法》、《全国人民代表大会和地方各级人民代表大会代表法》，此外，《立法法》、《行政法规制定程序条例》、《规章制定程序条例》等对权力机关的行政法治监督权也有规定。根据上述法律、行政法规的规定，权力机关的行政法治监督权主要涉及三个方面的问题，即行政法治监督事项、监督方式与监督程序。

（一）人民代表大会的行政法治监督权

根据《宪法》第62条、第63条之规定，人民代表大会的行政法治监督权主要有：

1．选举和决定权

选举和决定权，即全国人民代表大会根据中华人民共和国主席的提名，决定国务院总理的人选；根据国务院总理的提名，决定国务院副总理、国务委员、各部部长、各委员会主任、审计长、秘书长的人选；省长、副省长由人大选举，其中省长因故空缺时由人大常委会从副职中决定代理人选。地方各级人民代表大会分别选举本级人民政府的省长和副省长、市长和副市长、县长和副县长、区长和副区长、乡长和副乡长、镇长和副镇长，依照法律规定的权限决定国家机关工作人员的任免。

2．罢免权

罢免权，全国人民代表大会有权罢免国务院总理、副总理、国务委员、各部部长、各委员会主任、审计长、秘书长；地方各级人民代表大会有权罢免本级人民政府的省长和副省长、市长和副市长、县长和副县长、区长和副区长、乡长和副乡长、镇长和副镇长。

3．审查和批准权

审查和批准权，全国人民代表大会审查和批准国民经济和社会发展计划以及计划执行情况的报告，审查和批准国家的预算和预算执行情况的报告；县级以上的地方各级人民代表大会审查和批准本行政区域内的国民经济和社会发展计划、预算以及执行情况的报告。

4．监督权

监督权，全国人民代表大会监督国务院的工作，县级以上的地方各级人民代表大会常务委员会监督本级人民政府的工作。讨论、决定本行政区域内各方面工作的重大事项；撤销本级人民政府的不适当的决定和命令。

5．撤销权

撤销权，县级以上的地方各级人民代表大会常务委员会撤销本级人民政府的不适当的决定和命令。

（二）人民代表大会常务委员会的行政法治监督权

根据《宪法》第67条、《各级人民代表大会常务委员会监督法》第5条的规定，各级人民代表大会常务委员会对本级人民政府的工作实施监督，促进依法行政。具体内容如下：

1．听取和审议人民政府的专项工作报告

各级人民代表大会常务委员会每年选择若干关系改革发展稳定

大局和群众切身利益、社会普遍关注的重大问题，有计划地安排听取和审议本级人民政府的专项工作报告。人民政府可以向本级人民代表大会常务委员会要求报告专项工作。常务委员会认为必要时，可以对专项工作报告作出决议；本级人民政府应当在决议规定的期限内，将执行决议的情况向常务委员会报告。基本程序是：（1）视察或专题调研。常务委员会在听取和审议专项工作报告前，委员长会议或者主任会议可以组织本级人民代表大会常务委员会组成人员和本级人民代表大会代表，对有关工作进行视察或者专题调查研究。（2）提交汇总意见。常务委员会在听取和审议专项工作报告前，常务委员会办事机构应当将各方面对该项工作的意见汇总，交由本级人民政府、人民法院或者人民检察院研究并在专项工作报告中作出回应。（3）征求意见。人民政府应当在常务委员会举行会议的20日前，由其办事机构将专项工作报告送交本级人民代表大会有关专门委员会或者常务委员会有关工作机构征求意见。（4）送交报告。人民政府对报告修改后，在常务委员会举行会议的10日前送交常务委员会。（5）分发报告。常务委员会办事机构应当在常务委员会举行会议的7日前，将专项工作报告发给常务委员会组成人员。（6）报告。专项工作报告由人民政府的负责人向本级人民代表大会常务委员会报告，人民政府也可以委托有关部门负责人向本级人民代表大会常务委员会报告。（7）提出审议意见或作出决议。常务委员会组成人员对专项工作报告的审议意见交由本级人民政府研究处理。常务委员会认为必要时，可以对专项工作报告作出决议。（8）执行报告。人民政府应当将研究处理情况由其办事机构送交本级人民代表大会有关专门委员会或者常务委员会有关工作机构征求意见后，向常务委员会提出书面报告。常务委员会作出决议的，本级人民政府应当在决议规定的期限内，将执行决议的情况向常务委员会报告。

2. 审查和批准决算，听取和审议国民经济和社会发展计划、预算的执行情况报告，听取和审议审计工作报告

国务院应当在每年6月，将上一年度的中央决算草案提请全国人民代表大会常务委员会审查和批准。县级以上地方各级人民政府应当在每年6~9月，将上一年度的本级决算草案提请本级人民代表大会常务委员会审查和批准。国民经济和社会发展五年规划经人民代表大会批准后，在实施的中期阶段，人民政府应当将规划实施情况的中期评估报告提请本级人民代表大会常务委员会审议。规划经中期评估需要调整的，人民政府应当将调整方案提请本级人民代表大会常务委员会审查和批准。国务院和县级以上地方各级人民政府应当在每年6~9月，向本级人民代表大会常务委员会报告本年度上一阶段国民经济和社会发展计划、预算的执行情况。国民经济和社会发展计划、预算经人民代表大会批准后，在执行过程中需要作部分调整的，国务院和县级以上地方各级人民政府应当将调整方案提请本级人民代表大会常务委员会审查和批准。预算安排的农业、教育、科技、文化、卫生、社会保障等资金需要调减的，国务院和县级以上地方各级人民政府应当提请本级人民代表大会常务委员会审查和批准。常务委员会对决算草案和预算执行情况的报告，重点审查下列内容：(1) 预算收支平衡情况；(2) 重点支出的安排和资金到位情况；(3) 预算超收收入的安排和使用情况；(4) 部门预算制度建立和执行情况；(5) 向下级财政转移支付情况；(6) 本级人民代表大会关于批准预算的决议的执行情况。全国人民代表大会常务委员会还应当重点审查国债余额情况；县级以上地方各级人民代表大会常务委员会还应当重点审查上级财政补助资金的安排和使用情况。常务委员会在每年审查和批准决算的同时，听取和审议本级人民政府提出的审计机关关于上一年度预算执行和其他财政收支的审计工作报告。常务委员会组成人员对国民经济和社会发展计划执行情况报告、预算执行情况报告和审计工作报告的审议意见交由本级人民政府研究处理。人民政府应当将研究处

理情况向常务委员会提出书面报告。常务委员会认为必要时，可以对审计工作报告作出决议；本级人民政府应当在决议规定的期限内，将执行决议的情况向常务委员会报告。

3．法律法规实施情况的检查

各级人民代表大会常务委员会每年选择若干关系改革发展稳定大局和群众切身利益、社会普遍关注的重大问题，有计划地对有关法律、法规实施情况组织执法检查。基本程序是：（1）公布年度执法检查计划。常务委员会年度执法检查计划，经委员长会议或者主任会议通过，印发常务委员会组成人员并向社会公布。（2）组织执法检查组。常务委员会根据年度执法检查计划，按照精干、效能的原则，组织执法检查组。其中全国人民代表大会常务委员会和省、自治区、直辖市的人民代表大会常务委员会根据需要，可以委托下一级人民代表大会常务委员会对有关法律、法规在本行政区域内的实施情况进行检查。（3）提出执法检查报告。执法检查结束后，执法检查组应当及时提出执法检查报告，由委员长会议或者主任会议决定提请常务委员会审议。（4）提交执法检查报告与审议意见。常务委员会组成人员对执法检查报告的审议意见连同执法检查报告，一并交由本级人民政府研究处理。（5）人民政府处理情况。人民政府应当将研究处理情况由其办事机构送交本级人民代表大会有关专门委员会或者常务委员会有关工作机构征求意见后，向常务委员会提出报告。必要时，由委员长会议或者主任会议决定提请常务委员会审议，或者由常务委员会组织跟踪检查；常务委员会也可以委托本级人民代表大会有关专门委员会或者常务委员会有关工作机构组织跟踪检查。

4．规范性文件的备案审查

全国人民代表大会常务委员会有权撤销国务院制定的同宪法、法律相抵触的行政法规、决定和命令；县级以上地方各级人民代表大会常务委员会对本级人民政府发布的决定、命令，经审查，认为有下列不适当的情形之一的，有权予以撤销：（1）超越法定权限，限制或者剥夺公民、法人和其他组织的合法权利，或者增加公民、法人和其他组织的义务的；（2）同法律、法规规定相抵触的；（3）有其他不适当的情形，应当予以撤销的。

5．询问与质询

各级人民代表大会常务委员会会议审议议案和有关报告时，本级人民政府或者有关部门应当派有关负责人员到会，听取意见，回答询问。全国人民代表大会常务委员会组成人员10人以上联名，省、自治区、直辖市、自治州、设区的市人民代表大会常务委员会组成人员5人以上联名，县级人民代表大会常务委员会组成人员3人以上联名，可以向常务委员会书面提出对本级人民政府及其部门的质询案。质询案由委员长会议或者主任会议决定交由受质询的机关答复。委员长会议或者主任会议可以决定由受质询机关在常务委员会会议上或者有关专门委员会会议上口头答复，或者由受质询机关书面答复。在专门委员会会议上答复的，提质询案的常务委员会组成人员有权列席会议，发表意见。委员长会议或者主任会议认为必要时，可以将答复质询案的情况报告印发常务委员会会议。提质询案的常务委员会组成人员的过半数对受质询机关的答复不满意的，可以提出要求，经委员长会议或者主任会议决定，由受质询机关再作答复。

6．撤职案的审议和决定

县级以上地方各级人民代表大会常务委员会在本级人民代表大会闭会期间，可以决定撤销本级人民政府个别副省长、自治区副主席、副市长、副州长、副县长、副区长的职务，可以撤销由它任命的本级人民政府其他组成人员。其实施程序是：（1）提出撤职案。撤职案既可以由县级以上地方各级人民政府向本级人民代表大会常务委员会提出，也可以由县级以上地方各级人民代表大会常务委员会主任会议向常务委员会提出。县级以上地方各级人民代表大会常务委员会1/5以上的组成人员书面联名，也可以向常务委员会提出，由主任会议决定是否提请常务委员会会议审议；或者由主任会议提议，经全体会议决定，组织调查委员会，由以后的常务委员会会议根据调查委员会的报告审议决定。（2）听取申辩意见。撤职案在提请表决前，被提出撤职的人员有权在常务委员会会议上提出申辩意见，或者书面提出申辩意见，由主任会议决定印发常务委员会会议。（3）表决。撤职案的表决采用无记名投票的方式，由常务委员会全体组成人员的过半数通过。

此外，各级人民代表大会常务委员会对属于其职权范围内的事项，需要作出决议、决定，但有关重大事实不清的，还可以组织关于特定问题的调查委员会。

二、检察机关的行政法治监督权

检察机关的行政法治监督权，实际上就是检察机关的法律监督权在行政法律关系中的体现。根据我国检察监督的发展历史和现行有关规定，作为专门法律监督机关，检察机关的行政法治监督权主要有一般监督与专门监督。

（一）一般行政法治监督权

一般行政法治监督权，是指人民检察院对有关行政主体及其工作人员和公民是否遵守法律进行监督。这种监督在新中国成立初期的有关法律中早有规定。例如，1954 年《宪法》第 81 条规定："中华人民共和国最高人民检察院对于国务院所属各部门、地方各级国家机关、国家机关工作人员和公民是否遵守法律，行使检察权……"只是 1979 年《人民检察院组织法》和 1982 年《宪法》没有再规定检察机关的一般监督职权。①

（二）专门行政法治监督权

专门行政法治监督权，涉及的主要是行政审判监督权和检察建议权。通过此种监督，本质上也是对行政机关的监督。很显然，目

① 此种改变，是否仅仅因为一般监督职权由于种种原因无法实现，实践中还有待进一步考证。

前，无论是一般监督，还是专门监督，检察机关对行政的监督作用尚未充分发挥，有待实践中进一步改进和完善。

三、审判机关的行政法治监督权

（一）司法审查权

审判机关的行政法治监督权，主要表现为司法审查权。司法审查是现代民主国家普遍设立的一项重要法律制度，是国家通过司法机关对其他国家机关行使国家权力的活动进行审查的制度。由于各国的宪政体制、历史文化及法律传统不同，具体行使司法审查权的机关、司法审查的范围、司法审查的依据等也不完全相同。[①] 但是，对行政机关行使行政权力活动的审查却是各国司法审查制度的核心内容，它也形成了审判机关的行政法治监督权的主要形式。在我国，此类司法审查权，主要体现为行政审判权（亦称行政诉讼权）、司法建议权和移送有权机关处理权。其中行政审判权指公民、法人或其他组织认为具有国家行政职权的行政机关和组织及其工作人员的行政行为侵犯其合法权益，依照行政诉讼法律规范提起诉讼，由人民法院依法审理并作出裁判的权力。而司法建议权和移送有权机关处理权则是人民法院审判工作中配合其他单位行使的一类协助权，如根据《行政诉讼法》第65条规定，行政机关拒绝履行判决、裁定，法院可以向该行政机关的上一级行政机关或者监察、人事机关提出司法建议。

在我国，审判机关行使行政法治监督权的主要依据是行政诉讼法律规范。这里的行政诉讼法律规范，主要指《行政诉讼法》、《最高人民法院关于执行〈行政诉讼法〉若干问题的解释》（《若干解释》）、民事诉讼法（《若干解释》第97条规定：“人民法院审

---

① 司法审查制度广泛存在于英美法系国家。在美国，司法审查是指法院审查国会制定的法律是否符合宪法、行政机关的行为是否符合宪法及法律的制度，从理论上讲，甚至还包括上级法院对上诉案件的监督审查。

理行政案件，除依照行政诉讼法和本解释外，可以参照民事诉讼的有关规定。”)、国家赔偿法、《最高人民法院关于行政诉讼证据若干问题的规定》(2002 年 7 月 24 日发布)、《最高人民法院关于公安机关不履行法定行政职责是否承担行政赔偿责任问题的批复》等。按照我国行政诉讼法律规范的规定，人民法院以事实为根据，以法律为准绳依法独立行使审判权原则，其中，合法性审查是重点。所谓合法性审查是指人民法院在审理行政案件时，对被诉行政行为是否合法进行审理并作出裁判。合法性审查原则的内涵极其丰富。(1) 合法性审查的对象是被诉行政行为。(2) 合法性审查的范围是被诉行政行为的合法与否。(3) 合法性审查的依据是法律、行政法规、地方性法规、民族自治地方的自治条例和单行条例，也可参照合法有效的规章和其他规范性文件。(4) 合法性审查的标准是围绕证据、法律适用、程序、职权、职责等展开。(5) 合法性审查的方式是开庭审理（二审事实清楚的，可书面审理）。(6) 合法性审查的结果是作出判决或裁定。此外，合理性审查原则作为合法性审查原则的补充，体现在《行政诉讼法》第 54 条第（四）项“行政处罚显失公正的，可以判决变更”的规定。

（二）司法审查的范围

行政审判权的重点是行政诉讼的受案范围。行政诉讼受案范围是行政诉讼理论与实践中的一个难点与热点问题。自《行政诉讼法》颁布 20 多年来，从《最高人民法院关于贯彻执行〈中华人民共和国行政诉讼法〉若干问题的意见》（试行）（以下简称《若干意见》）到《最高人民法院关于执行〈中华人民共和国行政诉讼法〉若干问题的解释》，从《行政复议法》到《行政许可法》，司法解释和单行法都在不断地修正、完善和发展行政诉讼受案范围。但是，对确定行政诉讼受案范围的标准、模式及怎样扩大行政诉讼受案范围等问题，学界仍存在许多争议。

行政诉讼受案范围，是人民法院受理行政诉讼案件范围的简称。它是公民、法人或其他组织认为具有国家行政职权的机关和组织及其工作人员的行政行为侵犯其合法权益，依法可以向法院提起行政诉讼的案件范围。根据《行政诉讼法》和《若干解释》的相关规定（如《行政诉讼法》第2条、第11条、第12条及《若干解释》第1条等），完全可以说，行政诉讼受案范围的核心就是可诉性行政行为，如可诉性行政处罚行为、行政强制行为、行政许可行为和行政合同行为等。具体体现在：（1）对于人民法院来说，它是司法审查的标的。在行政诉讼中，人民法院审查活动全部都是围绕可诉性行政行为展开。离开可诉性行政行为，司法审查就失去了存在的意义。（2）对于行政相对人来说，它是对行政相对人诉权的确定。可诉性行政行为表明不服行政行为的行政相对人在何种范围内对哪些事项可以诉诸人民法院，请求人民法院行使国家审判权以保护其权益免受行政行为的不法侵害。（3）对于行政主体来说，它是对行政权与司法权界限的界定。可诉性行政行为决定着行政主体的哪些行政行为要接受人民法院的审查，接受司法权的监督。因此，可诉性行政行为，也就责无旁贷地成为确定行政诉讼受案范围的基本标准。

但是，什么是可诉性行政行为？理论和立法实践对可诉性行政行为并没有进行全面的概括。综合《行政诉讼法》和《若干解释》对可诉性行政行为的规定，我们认为，可诉性行政行为就是那些具有国家行政职权的机关、组织及其工作人员实施的与行使行政职权有关的对公民、法人或其他组织的权利义务产生实际影响的行政行为。可诉性行政行为，有着区别于行政法上的行政行为的显著特征：（1）可诉性行政行为的实施主体是可诉性行政行为主体，即“具有国家行政职权的机关、组织及其工作人员”。与行政法上的行政行为实施主体——行政主体相比，可诉性行政行为主体更为广泛，“不仅包括行政机关和法律、法规授权的组织，还包括拥有公共管理职权的其他组织，甚至包括行政机关工作人员”。[①]（2）可诉性行政行为的内容与行使行政职权有关，即只要该行政行为与行使行政职权有关就可成为可诉性行政行为。与行政法上的行政行为相比，可诉性行政行为并不要求该行政行为一定是行使行政职权（包括职责），如《中华人民共和国国家赔偿法》规定，因行使行政管理职权而造成公民、法人或其他组织损害的，公民、法人或其他组织有权依照国家赔偿法的有关规定获得赔偿，常见的对殴打、非法拘禁等行政事实行为的行政赔偿诉讼即属于此类。（3）可诉性行政行为必须是对公民、法人或其他组织的权利义务产生实际影响的行政行为。与行政法上的行政行为相比，可诉性行政行为要求该行政行为必须对公民、法人或其他组织的权利义务产生实际影响，如不具有强制力的行政指导行为即被明文排除在可诉性行政行为之外。因此，行政诉讼法上的可诉性行政行为与行政法的行政行为在诸多方面存在巨大差异，我们不能简单地套用行政法上的行政行为的可诉与否来确定行政诉讼受案范围。现行《行政诉讼法》尤其是《若干解释》关于行政诉讼受案范围的规定充分体现了可诉性行政行为的标准地位。

我国现行法律关于行政诉讼受案范围的内容主要集中在《行政诉讼法》第2条的概括规定、第11条的肯定列举规定和第12条的否定列举规定及其司法解释上。在理论认识上，无论学者或法官，都普遍承认我国行政诉讼受案范围的基本模式是混合式，即概括式与列举式相结合的混合模式。但是，从《行政诉讼法》颁布至今，人们把这种混合模式更多地理解为列举式，即我国行政诉讼受案范围仅限于第11条的肯定列举规定。超出此列举范围的行政纠纷，人民法院不能受理；只有公民、法人和其他组织的人身权、财产权被行政行为侵犯，才能诉诸人民法院（第11条第2款的列

---

① 江必新：《司法解释对行政法学理论的发展》，载《中国法学》2001年第4期。

举规定除外），而除人身权、财产权这两项权利以外的其他合法权益则不受行政诉讼的保护，如受教育权、政治权利等。这样的理解，使行政诉讼受案范围在实践中大打折扣。

其实，对于行政诉讼受案范围的确定模式作上述理解，如果说在立法之初还情有可原的话，在《若干解释》和大量单行行政法律、法规出台之后就未免故步自封了。《若干解释》第1条明确规定："公民、法人或其他组织对具有国家行政职权的机关和组织及其工作人员的行政行为不服，依法提起诉讼的，属于人民法院行政诉讼的受案范围。"《行政复议法》第5条明确规定："公民、法人或其他组织对行政复议决定不服的，可以依照行政诉讼法的规定向人民法院提起行政诉讼，但是法律规定行政复议决定为最终裁决的除外。"《行政许可法》第7条明确规定："公民、法人或者其他组织对行政机关实施行政许可，享有陈述权、申辩权；有权依法申请行政复议或者提起行政诉讼；其合法权益因行政机关违法实施行政许可受到损害的，有权依法要求赔偿。"《若干解释》摒弃了限制行政诉讼受案范围的指导思想，立足于尽可能恢复行政诉讼法和国家赔偿法规定的行政诉讼的受案范围，尽可能地在行政诉讼法规定的范围内扩大行政诉讼的受案范围。《若干解释》确定行政诉讼受案范围的基本方式是：一是扩大行政行为概念的内涵和外延。二是通过先作概括性的肯定规定、后作具体的排除规定的方式，确定行政诉讼的受案范围。三是对容易发生争议的有关行政诉讼的受案范围的法律概念作出解释。[①] 众所周知，行政复议范围几乎涵盖了所有行政法上的行政行为，既有内容广泛的各类具体行政行为，也有一定的抽象行政行为，规定对各类行政行为不服都可以依法提起行政诉讼，着实是行政复议法对行政诉讼受案范围的重大贡献。最新的行政许可法，更是以典型的单行法形式丰富和拓展了行政诉讼受

---

① 江必新：《司法解释对行政法学理论的发展》，载《中国法学》2001年第4期。

案范围。因此，现在理解确定我国行政诉讼受案范围的混合式，再不能简单地表述为列举式。

对这种混合式，正确的理解应当是，肯定概括与否定列举相结合，再加肯定列举的具体化与示范化和单行法律、法规的补充。肯定概括表现在两个方面：一方面，可诉性行政行为概括，即具有国家行政职权的机关、组织及其工作人员的行政行为均属受案范围。其中包含了诸如居民委员会、村民委员会、律师协会、注册会计师协会、足球协会等社会自治组织行使的公行政行为。[①] 另一方面，权益概括，即凡属公民、法人和其他组织的合法权益均受行政诉讼法保护。当这些合法权益受到行政行为侵犯时，均有权向人民法院提起行政诉讼。其中包含了除人身权、财产权以外的知识产权、受教育权、劳动权、政治权利、文化权利和自由等合法权益。[②] 作为以可诉性行政行为和合法权益为标准的肯定概括，在其范围内就是周延的概括，是全面的受案范围。否定列举表现为：凡属否定列举之行为，均不在行政诉讼受案范围之内。具体就是《行政诉讼法》第 12 条列举的国家行为、抽象行政行为、内部行政行为和法律规定的行政最终裁决行为以及《若干解释》第 1 条第 2 款列举的刑事司法行为、行政调解行为、仲裁行为、不具有强制力的行政指导行为、行政重复处理行为和对公民、法人或其他组织的权利义务不产生实际影响的行政行为。否定列举规定与肯定概括规定的地位和性质是相同的，它们属于同一层次与范畴。肯定概括从正面规定了行政诉讼受案范围，主要确定了行政诉讼受案范围的内涵。否定列举从反面规定了行政诉讼受案范围，主要确定了行政诉讼受案范围的外延。肯定概括与否定列举相结合，构成确定行政诉讼受案范围

---

① 马怀德：《行政诉讼受案范围必须扩大》，载《法制日报》2002 年 3 月 3 日第 3 版。

② 袁曙宏：《扩大权利保护范围》，载《法制日报》2002 年 3 月 3 日第 3 版。

的基本模式。肯定列举的具体化与示范化，在规定上表现得更为复杂和多样：既有诸如第 11 条第（一）（二）（四）（五）项的行政处罚行为、行政强制措施、行政许可行为、行政不作为的行为性质列举，又有诸如第（三）（八）项的经营自主权、其他人身权、财产权的权益列举，也有诸如第（六）（七）项的不发抚恤金、违法要求履行义务的行为内容列举。属于肯定列举的行为、权益，很显然都属于肯定概括的范围且不属于否定列举的内容，因而无论从哪个方面讲它们都在行政诉讼受案范围之内。但由此很难导出肯定列举规定未列举的行为、权益，就不属于行政诉讼受案范围。也就是说，肯定列举规定不具有任何限制、界定行政诉讼受案范围的性质与作用，只有举例、细化或示范的作用。至于单行法律、法规的补充，更是广泛而众多。几乎每一部单行行政法律、法规都涉及行政诉讼，而且都是对行政诉讼受案范围的具体列举和扩大。

随着我国行政管理体制改革的逐步深入，行政管理民主化、制度化、法律化的步伐正在加快。在当前国家全力建设社会主义政治文明的伟大历史时期，适当扩大行政诉讼受案范围的必要性是毋庸置疑的。如何扩大呢？应该说，只要明确了行政诉讼受案范围的基本标准是可诉性行政行为，围绕该标准探讨如何扩大行政诉讼受案范围的问题就容易多了。

应当说，《若干解释》和众多的单行行政法律、法规已经对行政诉讼受案范围进行了很大的拓展。对现行规定的正确理解，本身就是对行政诉讼受案范围的扩大。“《若干解释》确立行政诉讼受案范围的基本原则是：只要是行政行为，也就是具有公共行政管理职权的机关和组织及其工作人员实施的、与行使公共职权有关的行为，原则上都可以被诉，除非法律有明确的否定性规定和禁止性规定。根据《若干解释》的精神，行政诉讼受案范围的理论在本质上可以归纳为：所有的行政行为原则上都应当纳入行政诉讼的受案范围，除非某一个行政行为具有高度的政策性或政治性，以致法院无法作出合法性的判断，或者某一个行为在事实上不可能给公民、法人和其他组织的合法权益造成损害。”[①] 但由于受行政诉讼法规定的局限和现实诸多条件的限制，目前行政诉讼受案范围的规定本身仍存在一定的不足。主要有：(1)《若干解释》在解释国家行为时，仍有两类行为的可诉性有待商榷：第一，国务院、中央军事委员会、国防部、外交部等依据行政法规、规章及其他具有普遍约束力的决定、命令，以国家的名义实施的有关国防和外交事务的行为，如申领护照等。第二，经宪法和法律授权的国家机关宣布紧急状态、实施戒严和总动员等行为时，强制征用或进入公民住所及其他财产的行为等。[②]（2）规章以下的“行政机关制定、发布的具有普遍约束力的决定、命令”等抽象行政行为仍不能接受司法审查。(3）行政机关对行政机关工作人员的奖惩、任免等内部行政行为仍不具有可诉性。（4）法律规定行政最终裁决具体行政行为的规定依旧保留。这些规定，主要存在于《行政诉讼法》第 12 条和《若干解释》的否定列举中。根据可诉性行政行为的特征，应当对国家行为、抽象行政行为、内部行政行为和法律规定行政最终裁决具体行政行为的规定作重大修改：

严格定义国家行为，把国家行为严格限定在国防、外交等涉及国家主权的领域。应当承认，《若干解释》对具体理解《行政诉讼法》所规定的国防、外交等国家行为提供了很好的依据，但根据可诉性行政行为的确定标准，上述两类行政行为，严格来说，并不涉及国家主权，[③] 与国家行为的本来含义也不一致。因此，如果这两类行政行为直接影响公民、法人和其他组织的合法权益，如申领

---

① 江必新：《司法解释对行政法学理论的发展》，载《中国法学》2001 年第 4 期。

② 陈新民：《中国行政法学原理》，中国政法大学出版社 2002 年版，第 312～313 页。

③ 国家主权事项，根据《立法法》的规定，必须以法律的形式明确规定。

护照被拒绝等，公民、法人和其他组织应当可以提起行政诉讼，人民法院也不能以国家行为的名义拒绝司法审查。

将行政法规、规章以外的“行政机关制定、发布的具有普遍约束力的决定、命令”等抽象行政行为纳入行政诉讼受案范围。对抽象行政行为进行司法审查，理论和实务界早有呼吁。根据我国现行相关法律法规的规定，“国务院制定的同宪法、法律相抵触的行政法规、决定和命令”根据宪法由全国人民代表大会常务委员会审查撤销，规章根据《规章制定程序条例》由有权行政机关审查处理。除行政法规、国务院制定的决定和命令、规章外，应当说，司法审查“行政机关制定、发布的具有普遍约束力的决定、命令”等抽象行政行为的条件现在已基本成熟。理由是：第一，加入 WTO 和建设社会主义政治文明对行政机关依法行政提出了更高的要求，司法审查行政立法之外的抽象行政行为势在必行。第二，已经颁布《行政复议法》和制定中的行政程序法对规章以下的其他行政规范性文件的复议和制定进行了明确规定，司法审查行政立法之外的抽象行政行为已经可行。[①] 因此，应当修改《行政诉讼法》，删除《行政诉讼法》第 12 条第（二）项“行政机关制定、发布的具有普遍约束力的决定、命令”的规定，参照《行政复议法》第 1 条，增加一条规定：“公民、法人或其他组织认为行政机关所依据的下列规定不合法，在对其具体行政行为提起行政诉讼时，可以一并向人民法院提出对该规定的审查请求：（一）国务院部门的规定；（二）县级以上地方各级政府及其工作部门的规定；（三）乡、镇人民政府的规定。前款所列规定不含部委规章和地方人民政府规章。”当然，根据我国相关法律，对于其他抽象行政行为，人民法院也无权擅自改变，但可宣布其违法而拒绝适用并移交有权行政机关作出处理。

---

① 吉罗洪：《抽象行政行为司法审查》，载《法制日报》2002 年 3 月 3 日第 3 版。

将行政机关对行政机关工作人员的奖惩、任免等内部行政行为纳入行政诉讼受案范围。受“特别权力关系理论”的影响，我国长期以来未能对内部行政行为予以重视。[①]《若干解释》规定：内部行政行为是“行政机关作出的涉及该行政机关公务员权利义务的决定”，这正说明了内部行政行为是可诉性行政行为。目前，司法审查内部行政行为的最大障碍恐怕就是法律适用。近年来，具有国家行政职权的各类机关和组织已经陆续制定了一系列行之有效的内部行政程序规则，《若干解释》第 62 条第 2 款也明确规定：人民法院审理行政案件，可以在裁判文书中引用合法有效的规章及其他规范性文件。制定中的行政程序法更是对内部行政行为进行了具体详尽的规定，对内部行政行为的法律规范已近在咫尺。[②] 因此，考虑到内部行政行为的特殊性，遵循基本人权原则和正当程序原则，依法适用程序规则审查行政机关对行政机关工作人员的奖惩、任免等内部行政行为，既是必要的，也是可行的。应当尽快删除《行政诉讼法》第 12 条第（三）项对内部行政行为的否定列举，并最好增加一条明确将行政机关对行政机关工作人员的奖惩、任免等内部行政行为纳入行政诉讼受案范围。

取消法律规定行政最终裁决具体行政行为的规定。《中华人民共和国加入世界贸易组织议定书》第 2 条“贸易制度的实施”（D）“司法审查”部分明确规定，“1. 中国应设立或指定并维持审查庭、联络点和程序，以便迅速审查所有与《1994 年关税与贸易总协定》（‘GATT1994’）第 10 条第 1 款、GATS 第 6 条和《TRIPS 协定》相关规定所指的法律、法规、普遍适用的司法决定和行政决定的实施有关的所有行政行为。此类审查庭应是公正的，并独立

---

① 黎军：《从特别权力关系理论的变迁谈我国对公务员救济制度的完善》，载《行政法学研究》2000 年第 1 期。

② 刘文晖：《每则条文背后都有一个真实的故事》，载《法制日报》2002 年 9 月 25 日第 5 版。

于被授权进行行政执行的机关，且不应对审查事项的结果有任何实质利害关系。2. 审查程序应包括给予受须经审查的任何行政行为影响的个人或企业进行上诉的机会，且不因上诉而受到处罚。如初始上诉权需向行政机关提出，则在所有情况下应有选择向司法机关对决定提出上诉的机会。关于上诉的决定应通知上诉人，作出该决定的理由应以书面形式提供。上诉人还应被告知可进一步上诉的任何权利。”也就是说，我国加入世界贸易组织以后，已不应当存在任何形式的行政最终裁决行政行为，当事人在所有情况下都应有选择向司法机关对决定提出司法审查的机会。然而，我国《行政诉讼法》第 12 条第（四）项仍然明确肯定行政最终裁决行政行为并将其排除在行政诉讼受案范围之外。在单行行政法律中，又分别以三种方式规定了行政最终裁决具体行政行为。一是明确列举方式，如《行政复议法》第 30 条第 2 款明确规定，省一级政府依据国务院或其自身对行政区划的勘定、调整或征用土地的决定作出的确认自然资源的所有权或使用权的行政复议决定为最终裁决。2013 年 7 月 1 日施行的《出境入境管理法》第 36 条明确规定：“公安机关出入境管理机构作出的不予办理普通签证延期、换发、补发，不予办理外国人停留居留证件、不予延长居留期限的决定为最终决定。”第 64 条规定：“外国人对依照本法规定对其实施的继续盘问、拘留审查、限制活动范围、遣送出境措施不服……其他境外人员对依照本法规定对其实施的遣送出境措施不服的，申请行政复议，适用前款规定。”二是由当事人选择的方式，如《行政复议法》第 14 条规定，当事人选择国务院对行政复议决定进行裁决的，国务院的裁决为最终裁决。三是事实上的行政最终裁决方式，如《集会游行示威法》第 13 条规定：“集会、示威的负责人对主管机关不许可的决定不服的，可自收到通知之日起三日内，向同级人民政府申请复议……”该法未规定对复议决定不服可提起行政诉讼，人民法院又往往以行政诉讼法未做明确规定而不予受理。从而这样的行政决定就成为事实上的行政最终裁决。很显然，《行政诉讼法》第12条第（四）项和上述单行行政法律的规定与《中华人民共和国加入世界贸易组织议定书》的承诺相冲突。因此，就《行政诉讼法》而言，应当剔除《行政诉讼法》第12条第（四）项法律规定行政最终裁决具体行政行为的规定。

上述有关行政诉讼受案范围确定模式的理解及其扩大，事实上也得到了最高人民法院的确认。最高人民法院印发的《关于依法保护行政诉讼当事人诉权的意见》（法发〔2009〕54号）明确指出：行政诉讼法和相关司法解释根据我国国情和现阶段的法治发展程度，设计了符合实际的行政案件受案范围，这是人民法院受理行政诉讼案件的法定依据。各级人民法院要全面准确理解和适用，不得以任何借口随意限制受案范围。凡是行政诉讼法明确规定的可诉性事项，不得擅自加以排除；行政诉讼法没有明确规定但有单行法律、法规授权的，也要严格遵循；法律和司法解释没有明确排除的具体行政行为，应当属于人民法院行政诉讼受案范围。不仅要保护公民、法人和其他组织的人身权和财产权，也要顺应权利保障的需要，依法保护法律、法规规定可以提起诉讼的与人身权、财产权密切相关的其他经济、社会权利。

四、行政机关的行政法治监督权

（一）一般行政法治监督权

一般行政法治监督权，主要指的是国务院对地方各级人民政府及其工作部门的全面监督、地方县级以上人民政府对下级人民政府及其工作部门，国务院工作部门对系统内下级工作部门、地方县级以上人民政府工作部门对系统内下级工作部门行使行政权力活动的行政法治监督权。一般行政法治监督权主要是改变、撤销权。这类权力既包括对具体行政行为的改变、撤销，也包括对抽象行政行为的撤销。一般通过行政复议以及信访等程序实现。

（二）行政监察权

行政监察权是指国家各级行政监察机关依法对行政机关及其工

作人员履行职责，执行国家法律、法规、命令的情况以及违法乱纪行为进行监督、检察和惩戒的权力。监察机关对监察对象执法、廉政、效能情况进行监察，履行下列职责：（1）检查国家行政机关在遵守和执行法律、法规和人民政府的决定、命令中的问题；（2）受理对国家行政机关及其公务员和国家行政机关任命的其他人员违反行政纪律行为的控告、检举；（3）调查处理国家行政机关及其公务员和国家行政机关任命的其他人员违反行政纪律的行为；（4）受理国家行政机关公务员和国家行政机关任命的其他人员不服主管行政机关给予处分决定的申诉，以及法律、行政法规规定的其他由监察机关受理的申诉；（5）法律、行政法规规定由监察机关履行的其他职责。同时，监察机关按照国务院的规定，组织协调、检查指导政务公开工作和纠正损害群众利益的不正之风工作。监察机关履行职责，有权采取下列措施：（1）要求被监察的部门和人员提供与监察事项有关的文件、资料、财务账目及其他有关的材料，进行查阅或者予以复制；（2）要求被监察的部门和人员就监察事项涉及的问题作出解释和说明；（3）责令被监察的部门和人员停止违反法律、法规和行政纪律的行为。监察机关在调查违反行政纪律行为时，可以根据实际情况和需要采取下列措施：（1）暂予扣留、封存可以证明违反行政纪律行为的文件、资料、财务账目及其他有关的材料。（2）责令案件涉嫌单位和涉嫌人员在调查期间不得变卖、转移与案件有关的财物。（3）责令有违反行政纪律嫌疑的人员在指定的时间、地点就调查事项涉及的问题作出解释和说明，但是不得对其实行拘禁或者变相拘禁。（4）建议有关机关暂停有严重违反行政纪律嫌疑的人员执行职务。监察机关在调查贪污、贿赂、挪用公款等违反行政纪律的行为时，经县级以上监察机关领导人员批准，可以查询案件涉嫌单位和涉嫌人员在银行或者其他金融机构的存款；必要时，可以提请人民法院采取保全措施，依法冻结涉嫌人员在银行或者其他金融机构的存款。监察机关在办理违反行政纪律案件中，可以提请有关行政部门、机构予以协助。被提请协助的行政部门、机构应当根据监察机关提请协助办理的事项和要求，在职权范围内予以协助。监察机关根据检查、调查结果，遇有下列情形之一的，可以提出监察建议：（1）拒不执行法律、法规或者违反法律、法规以及人民政府的决定、命令，应当予以纠正的；（2）本级人民政府所属部门和下级人民政府作出的决定、命令、指示违反法律、法规或者国家政策，应当予以纠正或者撤销的；（3）给国家利益、集体利益和公民合法权益造成损害，需要采取补救措施的；（4）录用、任免、奖惩决定明显不适当，应当予以纠正的；（5）依照有关法律、法规的规定，应当给予行政处罚的；（6）需要给予责令公开道歉、停职检查、引咎辞职、责令辞职、免职等问责处理的；（7）需要完善廉政、勤政制度的；（8）其他需要提出监察建议的。监察机关根据检查、调查结果，遇有下列情形之一的，可以作出监察决定或者提出监察建议：（1）违反行政纪律，依法应当给予警告、记过、记大过、降级、撤职、开除处分的；（2）违反行政纪律取得的财物，依法应当没收、追缴或者责令退赔的。监察机关依法作出的监察决定，有关部门和人员应当执行。监察机关依法提出的监察建议，有关部门无正当理由的，应当采纳。监察机关对监察事项涉及的单位和个人有权进行查询。概括而言，行政监察权包括监督检查权、受理和调查处理检举、控告权，受理申诉权，暂予扣留、封存有关材料权，“双规”权（指定的时间、地点），监察建议权，查询存款权，行政处分权，没收、追缴、退赔权等。

行政监察权的实施程序包括：（1）检查。监察机关按照下列程序进行检查：第一，对需要检查的事项予以立项；第二，制定检查方案并组织实施；第三，向本级人民政府或者上级监察机关提出检查情况报告；第四，根据检查结果，作出监察决定或者提出监察建议。重要检查事项的立项，应当报本级人民政府和上一级监察机关备案。（2）调查处理。监察机关按照下列程序对违反行政纪律的行为进行调查处理：第一，对需要调查处理的事项进行初步审查；认为有违反行政纪律的事实，需要追究行政纪律责任的，予以立案。第二，组织实施调查，收集有关证据。第三，有证据证明违反行政纪律，需要给予处分或者作出其他处理的，进行审理。第四，作出监察决定或者提出监察建议。重要、复杂案件的立案，应当报本级人民政府和上一级监察机关备案。监察机关在检查、调查中应当听取被监察的部门和人员的陈述和申辩。（3）撤销或作出监察决定、监察建议。监察机关对于立案调查的案件，经调查认定不存在违反行政纪律事实的，或者不需要追究行政纪律责任的，应当予以撤销，并告知被调查单位及其上级部门或者被调查人员及其所在单位。重要、复杂案件的撤销，应当报本级人民政府和上一级监察机关备案。监察机关立案调查的案件，应当自立案之日起 6 个月内结案；因特殊原因需要延长办案期限的，可以适当延长，但是最长不得超过一年，并应当报上一级监察机关备案。监察机关作出的重要监察决定和提出的重要监察建议，应当报经本级人民政府和上一级监察机关同意。国务院监察机关作出的重要监察决定和提出的重要监察建议，应当报经国务院同意。（4）送达监察决定、监察建议。监察决定、监察建议应当以书面形式送达有关单位、人员。（5）执行监察决定。监察机关对违反行政纪律的人员作出给予处分的监察决定，由人民政府人事部门或者有关部门按照人事管理权限执行。人民政府人事部门或者有关部门应当将监察机关作出的给予处分的监察决定及其执行的有关材料归入受处分人员的档案。有关单位和人员应当自收到监察决定或者监察建议之日起 30 日内将执行监察决定或者采纳监察建议的情况通报监察机关。（6）对监察决定不服的复审。监察决定不服的，可以自收到监察决定之日起 30 日内向作出决定的监察机关申请复审，监察机关应当自收到复审申请之日起 30 日内作出复审决定；对复审决定仍不服的，可以自收到复审决定之日起 30 日内向上一级监察机关申请复核，上一级监察机关应当自收到复核申请之日起 60 日内作出复核决定。上一级监察机关认为下一级监察机关的监察决定不适当的，可以责成下一级监察机关予以变更或者撤销，必要时也可以直接作出变更或者撤销的决定。上一级监察机关的复核决定和国务院监察机关的复查决定或者复审决定为最终决定。

（三）审计权

作为专门的行政法治监督权，审计权指国家审计机关依法对各级行政机关的财政收支状况和法律、法规规定应当进行审计的国有金融机构、国有企业、事业单位的财务收支状况的真实性、合理性和合法性进行审核监督的权力。审计权作为行政法治监督权，主要是指审计机关依法对各级行政机关的财政收支状况的审核监督的权力，表现为：要求报送权、检查权、调查权、采取措施权、提请处分权、通报权、处理权等。

审计的基本程序是：（1）成立审计组、送达审计通知书。审计机关根据审计项目计划确定的审计事项组成审计组，并应当在实施审计3日前，向被审计单位送达审计通知书；遇有特殊情况，经本级人民政府批准，审计机关可以直接持审计通知书实施审计。（2）审计。审计人员通过审查会计凭证、会计账簿、财务会计报告，查阅与审计事项有关的文件、资料，检查现金、实物、有价证券，向有关单位和个人调查等方式进行审计，并取得证明材料。（3）提出审计组的审计报告。审计组对审计事项实施审计后，应当向审计机关提出审计组的审计报告。审计组的审计报告报送审计机关前，应当征求被审计对象的意见。被审计对象应当自接到审计组的审计报告之日起10日内，将其书面意见送交审计组。审计组应当将被审计对象的书面意见一并报送审计机关。（4）提出审计机关的审计报告。审计机关按照审计署规定的程序对审计组的审计报告进行审议，并对被审计对象对审计组的审计报告提出的意见一并研究后，提出审计机关的审计报告；对违反国家规定的财政收支行为，依法应当给予处理、处罚的，在法定职权范围内作出审计决定或者向有关主管机关提出处理、处罚的意见。（5）送达审计报告与审计决定。审计机关应当将审计机关的审计报告和审计决定送达被审计单位和有关主管机关、单位。审计决定自送达之日起生效。（6）对审计决定的监督。上级审计机关认为下级审计机关作出的审计决定违反国家有关规定的，可以责成下级审计机关予以变更或者撤销，必要时也可以直接作出变更或者撤销的决定。

除权力机关行政法治监督权、检察机关行政法治监督权、审判机关行政法治监督权、行政机关行政法治监督权等国家机关行政法治监督权之外，事实上还广泛存在社会组织、公民的行政法治监督权，如党内监督权（主要是党的纪律监督权）、人民政协的民主监督权（如提案权）、社会舆论监督权、新闻媒体的行政法治监督权等。

第八章　行政责任

责任，是一个内涵和外延均非常广泛的概念，一般是指在一定条件下行为主体所应尽的义务或者因违反义务而应承担一定的否定性后果。通常来说，责任有道义责任、政治责任、法律责任或其他性质的责任之分。其中法律责任通常是指由违法行为所引起的不利法律后果。具体到行政法律责任，习惯上简称为行政责任，是指行政法律关系主体由于违反行政法律规范或不履行行政法律义务而依法应承担的行政法律后果。理解行政责任的内涵，必须明确以下三点：第一，行政责任主体是行政法律关系所有主体，既包括行政主体，也包括行政相对人，还包括行政法治监督主体。第二，行政责任基于一定的行政法律义务而产生，没有行政法律义务，一般也没有行政责任。第三，行政责任是一种与刑事责任、民事责任不同的法律责任，与刑事责任、民事责任共同构成有机统一的法律责任体系。

一般而言，行政责任应当具备如下构成条件：（1）存在违反行政法律规范或不履行行政法律义务的行为；（2）存在承担行政责任的法律依据，即责任法定。因此，行政责任的承担一般应当遵循如下原则和制度：（1）责任法定原则；（2）责任与违法程度相一致原则；（3）惩戒（补救）和教育相结合的原则。实践中，不同法律关系主体的责任承担形式有诸多相似性，但也有很大不同，因此，区分不同主体探讨其行政责任很有必要。

一、行政主体的行政责任

行政主体的行政责任，是行政主体由于违反行政法律规范或不履行法定行政职责而依法应承担的行政法律后果。根据行政法治实践，行政主体的行政责任主要包括通报批评、赔礼道歉、恢复名誉、消除影响等人身责任，恢复原状、返还权益、行政赔偿等财产责任，停止违法行政行为、撤销违法行政行为、变更不当行政行为、履行法定职责等行为责任。

（一）通报批评、赔礼道歉、恢复名誉、消除影响等人身责任

通报批评、赔礼道歉、恢复名誉、消除影响，传统上认为是民事责任的承担方式，其实它们也是行政主体承担行政责任的重要形式。例如，《公务员法》第 103 条规定："机关因错误的具体人事处理对公务员造成名誉损害的，应当赔礼道歉、恢复名誉、消除影响。造成经济损失的，应当依法给予赔偿。"《行政监察法》第 23 条第（三）项规定："给国家利益、集体利益和公民合法权益造成损害，需要采取补救措施的。"监察机关根据检查、调查结果，可以提出监察建议。这里的补救措施，根据《行政监察法实施条例》第 22 条的规定，就是指消除影响、恢复名誉、赔礼道歉、给予赔偿等补救措施。《行政监察法》第 23 条第（六）项更是明确规定了责令公开道歉等问责方式。近年来，对一些违法行政主体公开进行通报批评，或者对其负责人进行约谈，实际上也是一类行政责任追究方式。例如，《重庆市实施〈国家通用语言文字法〉办法》第 14 条规定，违反相关规定属于单位责任的，由语言文字工作部门责令改正，拒不改正的，予以通报批评。

（二）恢复原状、返还权益、行政赔偿等财产责任

恢复原状、返还权益作为行政主体的行政责任承担方式，主要存在于涉及财产的行政责任追究之中，如《行政强制法》第 62 条规定："违反本法规定，行政机关有下列情形之一的，由上级行政机关或者有关部门责令改正……（一）扩大查封、扣押、冻结范

围的；（二）使用或者损毁查封、扣押场所、设施或者财物的；（三）在查封、扣押法定期间不作出处理决定或者未依法及时解除查封、扣押的；（四）在冻结存款、汇款法定期间不作出处理决定或者未依法及时解除冻结的。”这里的“责令改正”，实际上主要就是恢复原状；《行政处罚法》第57条规定：“行政机关违反该法第四十六条的规定自行收缴罚款的，财政部门违反本法第五十三条的规定向行政机关返还罚款或者拍卖款项的，由上级行政机关或者有关部门责令改正……”这里的责令改正，实际上主要是返还权益。

在财产性行政责任中，最为常见的是行政赔偿责任。行政赔偿涉及赔偿范围、赔偿程序、赔偿方式等问题。按照《国家赔偿法》的规定，行政机关及其工作人员在行使行政职权时有下列侵犯人身权情形之一的，受害人有取得赔偿的权利：（1）违法拘留或者违法采取限制公民人身自由的行政强制措施的；（2）非法拘禁或者以其他方法非法剥夺公民人身自由的；（3）以殴打、虐待等行为或者唆使、放纵他人以殴打、虐待等行为造成公民身体伤害或者死亡的；（4）违法使用武器、警械造成公民身体伤害或者死亡的；（5）造成公民身体伤害或者死亡的其他违法行为。行政机关及其工作人员在行使行政职权时有下列侵犯财产权情形之一的，受害人有取得赔偿的权利：（1）违法实施罚款、吊销许可证和执照、责令停产停业、没收财物等行政处罚的；（2）违法对财产采取查封、扣押、冻结等行政强制措施的；（3）违法征收、征用财产的；（4）造成财产损害的其他违法行为。但是，属于下列情形之一的，国家不承担赔偿责任：（1）行政机关工作人员与行使职权无关的个人行为；（2）因公民、法人和其他组织自己的行为致使损害发生的；（3）法律规定的其他情形。特别需要指出的是，根据《公务员法》第103条规定：“机关因错误的具体人事处理对公务员造成经济损失的……应当依法给予赔偿。”

行政赔偿程序包括：（1）申请。赔偿请求人要求赔偿，应当先向赔偿义务机关提出，也可以在申请行政复议或者提起行政诉讼时一并提出。赔偿请求人可以向共同赔偿义务机关中的任何一个赔偿义务机关要求赔偿，该赔偿义务机关应当先予赔偿。赔偿请求人根据受到的不同损害，可以同时提出数项赔偿要求。要求赔偿应当递交申请书。赔偿请求人要求国家赔偿的，赔偿义务机关、复议机关和人民法院不得向赔偿请求人收取任何费用。（2）受理。赔偿请求人当面递交申请书的，赔偿义务机关应当场出具加盖本行政机关专用印章并注明收讫日期的书面凭证。申请材料不齐全的，赔偿义务机关应当场或者在5日内一次性告知赔偿请求人需要补正的全部内容。（3）审查。赔偿义务机关应当自收到申请之日起两个月内，作出是否赔偿的决定。赔偿义务机关作出赔偿决定，应当充分听取赔偿请求人的意见，并可以与赔偿请求人就赔偿方式、赔偿项目和赔偿数额依照本法第四章的规定进行协商。（4）决定。赔偿义务机关决定赔偿的，应当制作赔偿决定书，并自作出决定之日起10日内送达赔偿请求人。赔偿义务机关决定不予赔偿的，应当自作出决定之日起10日内书面通知赔偿请求人，并说明不予赔偿的理由。赔偿义务机关在规定期限内未作出是否赔偿的决定，赔偿请求人可以自期限届满之日起3个月内，向人民法院提起诉讼。赔偿请求人对赔偿的方式、项目、数额有异议的，或者赔偿义务机关作出不予赔偿决定的，赔偿请求人可以自赔偿义务机关作出赔偿或者不予赔偿决定之日起3个月内，向人民法院提起诉讼。

行政赔偿以支付赔偿金为主要方式。能够返还财产或者恢复原状的，予以返还财产或者恢复原状。侵犯公民人身自由的，每日赔偿金按照国家上年度职工日平均工资计算。侵犯公民生命健康权的，赔偿金按照下列规定计算：（1）造成身体伤害的，应当支付医疗费、护理费，以及赔偿因误工减少的收入。减少的收入每日的赔偿金按照国家上年度职工日平均工资计算，最高额为国家上年度职工年平均工资的5倍；（2）造成部分或者全部丧失劳动能力的，应当支付医疗费、护理费、残疾生活辅助器具费、康复费等因残疾而增加的必要支出和继续治疗所必需的费用，以及残疾赔偿金。残疾赔偿金根据丧失劳动能力的程度，按照国家规定的伤残等级确定，最高不超过国家上年度职工年平均工资的20倍。造成全部丧失劳动能力的，对其扶养的无劳动能力的人，还应当支付生活费；（3）造成死亡的，应当支付死亡赔偿金、丧葬费，总额为国家上年度职工年平均工资的20倍。对死者生前扶养的无劳动能力的人，还应当支付生活费。前款第（2）项、第（3）项规定的生活费的发放标准，参照当地最低生活保障标准执行。被扶养的人是未成年人的，生活费给付至18周岁止；其他无劳动能力的人，生活费给付至死亡时止。具有《国家赔偿法》第3条规定情形之一，致人精神损害的，应当在侵权行为影响的范围内，为受害人消除影响，恢复名誉，赔礼道歉；造成严重后果的，应当支付相应的精神损害抚慰金。侵犯公民、法人和其他组织的财产权造成损害的，按照下列规定处理：（1）处罚款、罚金、追缴、没收财产或者违法征收、征用财产的，返还财产；（2）查封、扣押、冻结财产的，解除对财产的查封、扣押、冻结，造成财产损坏或者灭失的，依照下列第（3）项、第（4）项的规定赔偿；（3）应当返还的财产损坏的，能够恢复原状的恢复原状，不能恢复原状的，按照损害程度给付相应的赔偿金；（4）应当返还的财产灭失的，给付相应的赔偿金；（5）财产已经拍卖或者变卖的，给付拍卖或者变卖所得的价款；变卖的价款明显低于财产价值的，应当支付相应的赔偿金；（6）吊销许可证和执照、责令停产停业的，赔偿停产停业期间必要的经常性费用开支；（7）返还执行的罚款或者罚金、追缴或者没收的金钱，解除冻结的存款或者汇款的，应当支付银行同期存款利息；（8）对财产权造成其他损害的，按照直接损失给予赔偿。

赔偿请求人凭生效的判决书、复议决定书、赔偿决定书或者调解书，向赔偿义务机关申请支付赔偿金。赔偿义务机关应当自收到支付赔偿金申请之日起7日内，依照预算管理权限向有关的财政部门提出支付申请。财政部门应当自收到支付申请之日起15日内支付赔偿金。赔偿请求人请求国家赔偿的时效为两年，自其知道或者应当知道国家机关及其工作人员行使职权时的行为侵犯其人身权、财产权之日起计算，但被羁押等限制人身自由期间不计算在内。在申请行政复议或者提起行政诉讼时一并提出赔偿请求的，适用行政复议法、行政诉讼法有关时效的规定。赔偿请求人在赔偿请求时效的最后6个月内，因不可抗力或者其他障碍不能行使请求权的，时效中止。从中止时效的原因消除之日起，赔偿请求时效期间继续计算，对赔偿请求人取得的赔偿金不予征税。

需要指出的是，与行政赔偿相近的还有行政补偿。行政补偿是国家对行政主体的合法行政行为给行政相对人的合法权益造成损失所进行的救济，在行政征收中最为常见。与行政赔偿相比较，二者在性质、条件、内容等方面存在很大不同。从性质上讲，行政赔偿是行政责任承担方式，行政补偿不是行政责任承担方式。从条件看，行政赔偿由违法行为致害所引起，行政补偿由合法行为致害所引起；在内容方面，行政补偿只需做到适当即可，其范围和程度均小于行政赔偿。但是，近年来，由于在损失补偿和损害赔偿两个领域内救济主义盛行，实际救济时更多倾向于切实填补相对人合法权益所受的损失或损害，而不大注意引起损失或损害的原因对救济结果的影响，从而出现了补偿与赔偿特别是事后补偿与赔偿合流的趋势。例如，《行政许可法》第8条规定："公民、法人或者其他组织依法取得的行政许可受法律保护，行政机关不得擅自改变已经生效的行政许可。行政许可所依据的法律、法规、规章修改或者废止，或者准予行政许可所依据的客观情况发生重大变化的，为了公共利益的需要，行政机关可以依法变更或者撤回已经生效的行政许可。由此给公民、法人或者其他组织造成财产损失的，行政机关应当依法给予补偿。"《行政许可法》第69条规定，作出行政许可决定的行政机关或者其上级行政机关，根据利害关系人的请求或者依据职权依法撤销行政许可，被许可人的合法权益受到损害的，行政机关应当依法给予赔偿，但对于被许可人以欺骗、贿赂等不正当手段取得的行政许可被撤销，被许可人基于行政许可取得的利益不受保护。这样的规定，共同体现了信赖保护原则的精神。

（三）停止或撤销违法行政行为、变更不当行政行为、履行法定职责等行为责任

停止违法行政行为、撤销违法行政行为，是行为上的惩戒性行政责任，也是行政主体承担行政责任的常见方式。对于持续性的违法行政行为，如果行政相对方提出控告时侵害仍在继续，违法行政责任的追究机关有权责令停止违法行政行为。例如，《行政强制法》第61条规定，行政机关实施行政强制，违反规定在夜间或者法定节假日实施行政强制执行，或者对居民生活采取停止供水、供电、供热、供燃气等方式迫使当事人履行相关行政决定，由上级行政机关或者有关部门责令改正。这里的“改正”实际上主要就是停止违法行政行为。至于撤销违法行政行为，包括撤销已完成的行为和正在进行的行为，主要适用于：主要证据不足的；适用法律、法规错误的；违反法定程序的；超越职权的；滥用职权的。行政复议法规定的撤销决定、行政诉讼法规定的撤销判决就是这一责任追究的体现。

二、公务员的行政责任

按照《公务员法》及《行政机关公务员处分条例》的规定，无论是行政机关的公务员，还是法律、法规授权的具有公共事务管理职能的事业单位中除工勤人员以外的工作人员，其行政责任首先表现为纪律责任。此外，根据《国家赔偿法》的规定，公务员还可能承担追偿责任。根据其他单行法律、法规的规定，承担通报批评等人身责任。

（一）通报批评等人身责任

在公务员的人身责任中，通报批评、警告、公开道歉是最常见的责任承担方式。警告在纪律责任中已明确规定，这里主要介绍通报批评和赔礼道歉。通报批评一般是违反了相关的规章制度、纪律

等但是又没有严重到违法的程度，对公务员作出的责任追究。这一责任追究方式散见于单行法律、法规、规章规定之中。例如，《重庆市实施〈中华人民共和国国家通用语言文字法〉办法》第14条规定，违反相关规定属于个人责任的，由其所在单位予以批评教育。赔礼道歉在公务员的行政责任中也非常常见，如《治安管理处罚法》第117条规定："公安机关及其人民警察违法行使职权，侵犯公民、法人和其他组织合法权益的，应当赔礼道歉……"

（二）行政处分等纪律责任

《公务员法》第53条规定："公务员必须遵守纪律，不得有下列行为：（1）散布有损国家声誉的言论，组织或者参加旨在反对国家的集会、游行、示威等活动；（2）组织或者参加非法组织，组织或者参加罢工；（3）玩忽职守，贻误工作；（4）拒绝执行上级依法作出的决定和命令；（5）压制批评，打击报复；（6）弄虚作假，误导、欺骗领导和公众；（7）贪污、行贿、受贿，利用职务之便为自己或者他人谋取私利；（8）违反财经纪律，浪费国家资财；（9）滥用职权，侵害公民、法人或者其他组织的合法权益；（10）泄露国家秘密或者工作秘密；（11）在对外交往中损害国家荣誉和利益；（12）参与或者支持色情、吸毒、赌博、迷信等活动；（13）违反职业道德、社会公德；（14）从事或者参与营利性活动，在企业或者其他营利性组织中兼任职务；（15）旷工或者因公外出、请假期满无正当理由逾期不归；（16）违反纪律的其他行为。"公务员因违法违纪应当承担纪律责任的，依法主要承担警告、记过、记大过、降级、撤职、开除等行政处分。其中，受处分的期间为：警告，6个月；记过，12个月；记大过，18个月；降级、撤职，24个月。处分期最长不得超过48个月。

除了行政处分外，相关法律、法规还规定了行政问责制。所谓行政问责制，是指一级政府对现任该级政府负责人、该级政府所属各工作部门和下级政府主要负责人在所管辖的部门和工作范围内由于故意或者过失，不履行或者未正确履行法定职责，以致影响行政秩序和行政效率，贻误行政工作，或者损害行政管理相对人的合法权益，给行政机关造成不良影响和后果的行为，进行内部监督和责任追究的制度。《公务员法》第82条规定："……领导成员因工作严重失误、失职造成重大损失或者恶劣社会影响的，或者对重大事故负有领导责任的，应当引咎辞去领导职务。"2009年6月30日，领导成员应当引咎辞职或者因其他原因不再适合担任现任领导职务，本人不提出辞职的，应当责令其辞去领导职务。中共中央办公厅、国务院办公厅印发的《关于实行党政领导干部问责的暂行规定》第5条规定："有下列情形之一的，对党政领导干部实行问责：（一）决策严重失误，造成重大损失或者恶劣影响的；（二）因工作失职，致使本地区、本部门、本系统或者本单位发生特别重大事故、事件、案件，或者在较短时间内连续发生重大事故、事件、案件，造成重大损失或者恶劣影响的；（三）政府职能部门管理、监督不力，在其职责范围内发生特别重大事故、事件、案件，或者在较短时间内连续发生重大事故、事件、案件，造成重大损失或者恶劣影响的；（四）在行政活动中滥用职权，强令、授意实施违法行政行为，或者不作为，引发群体性事件或者其他重大事件的；（五）对群体性、突发性事件处置失当，导致事态恶化，造成恶劣影响的；（六）违反干部选拔任用工作有关规定，导致用人失察、失误，造成恶劣影响的；（七）其他给国家利益、人民生命财产、公共财产造成重大损失或者恶劣影响等失职行为的。"对党政领导干部实行问责的方式分为：责令公开道歉、停职检查、引咎辞职、责令辞职、免职。受到问责的党政领导干部，取消当年年度考核评优和评选各类先进的资格。引咎辞职、责令辞职、免职的党政领导干部，一年内不得重新担任与其原任职务相当的领导职务。对引咎辞职、责令辞职、免职的党政领导干部，可以根据工作需要以及本人一贯表现、特长等情况，由党委（党组）、政府按照干部管理权限酌情安排适当岗位或者相应工作任务。引咎辞职、责令辞职、免职的党政领导干部，一年后如果重新担任与其原任职务相当的领导职务，除应当按照干部管理权限履行审批手续外，还应当征求上一级党委组织部门的意见。

（三）追偿（损失）等财产责任

根据《国家赔偿法》第16条第1款规定："赔偿义务机关赔偿损失后，应当责令有故意或者重大过失的工作人员或者受委托的组织或者个人承担部分或者全部赔偿费用。"此即公务员的追偿责任。如以殴打、虐待等行为或者唆使、放纵他人以殴打、虐待等行为造成公民身体伤害或者死亡的；违法使用武器、警械造成公民身体伤害或者死亡的，等等。

三、行政相对人的行政责任

行政相对人的行政责任，是行政相对人由于违反行政法律规范或不履行行政决定而依法应当承担的行政法律后果。行政相对人的行政责任包括通报批评、承认错误、赔礼道歉等人身责任，恢复原状、返还原物、赔偿损失、履行其他法定义务等财产责任和行政处罚责任。

（一）通报批评、承认错误、赔礼道歉等人身责任

通报批评是指以公开公布的方式，对违法者通过书面形式予以谴责和告诫，使被处罚人的名誉权受到损害，既制裁教育本人，又旨在广泛教育他人。一般通过报刊或政府文件在一定范围公开，造成的影响较大。例如，根据1994年12月26日发布的《违反〈中华人民共和国劳动法〉行政处罚办法》第3条规定："用人单位制定的劳动规章制度违反法律、法规规定的，应给予警告，并责令限期改正；逾期不改的，应给予通报批评。"第16条规定："用人单位未按《劳动法》规定的条件解除劳动合同或者故意拖延不订立劳动合同的，应责令限期改正；逾期不改的，应给予通报批评。"至于承认错误、赔礼道歉，更应该是行政相对人最为基本的行政责任。我国各个单行行政法都规定了执法与教育相结合的原则，如行政处罚与教育相结合，行政强制与教育相结合，能够体现教育效果

的莫过于违法行政相对人勇于承认错误、赔礼道歉。之所以将其归结为行政责任，是因为认错与道歉的事由由违反行政法律规范引起，认错与道歉的接受主体是行政主体。当前，承认错误、赔礼道歉在行政相对人的行政责任中并不多见。

（二）恢复原状、返还原物（财产）等财产责任

恢复原状、返还原物（财产）、赔偿损失等，习惯上被认为是民事责任的承担形式，实际上它们也是行政相对人的行政责任形式。例如，2001年10月27日通过的《海域使用管理法》第42条规定："未经批准或者骗取批准，非法占用海域的，责令退还非法占用的海域，恢复海域原状……"第47条规定："违反本法第二十九条第二款规定，海域使用权终止，原海域使用权人不按规定拆除用海设施和构筑物的，责令限期拆除……"这里的恢复原状、限期拆除实际上都是原海域使用权人承担恢复原状行政责任的形式。再比如，《治安管理处罚法》第11条第2款规定："违反治安管理所得的财物，追缴退还被侵害人；没有被侵害人的，登记造册，公开拍卖或者按照国家有关规定处理，所得款项上缴国库。"这里的"追缴退还"、"上缴国库"实际上就是违反治安管理行为的相对人承担返还原物（财产）行政责任的形式。值得注意的是，赔偿损失，并不是行政相对人承担行政责任的形式，如《治安管理处罚法》第8条规定："违反治安管理的行为对他人造成损害的，行为人或者其监护人应当依法承担民事责任。"这其中就包含了赔偿损失，但其性质是民事责任，而不是行政相对人的行政责任。至于行政相对人违法对行政主体（国家）造成损害的，实践中多以罚款等形式追究行政责任。

（三）停止违法、限期改正、排除妨碍、消除危险、履行其他法定义务等行为责任

停止违法、限期改正、排除妨碍、消除危险、履行其他法定义务等，也是行政相对人承担行政责任的重要形式，它们集中表现为行为方面的责任形式。停止违法、限期改正一般相互关联，如

《长沙市城市管理条例》规定，不按规定使用专用运输车辆运输的，由城市管理综合行政执法机关责令停止违法运输行为；违反规定未采取措施防尘、降尘的，由建设行政主管部门责令限期改正；违反规定未安装车载定位装置或者未正常使用的，由城市管理综合行政执法机关责令限期改正；违反规定经营场所的边界噪声超过国家规定的环境噪声排放标准的，由环境保护行政管理部门责令改正；违反规定未采取措施降低噪声排放干扰居民生活的，由城市管理综合行政执法机关责令改正；违反规定未经批准在22时至次日6时进行产生环境噪声污染的建筑施工作业的，由城市管理综合行政执法机关责令停止作业等。排除妨碍、消除危险有些情况下是行政责任形式，有些情况下又是行政强制措施。例如，《长沙市城市管理条例》规定，违反规划管理法律、法规规定，具有未取得建设工程规划许可证或者未按照建设工程规划许可证的规定进行建设的法定情形，限期拆除；违反规定，设置的户外招牌不符合本市城市市容规定和招牌设置规范的，由城市管理综合行政执法机关责令限期改正或者拆除；逾期未改正或者拆除的，由城市管理综合行政执法机关依法强制拆除，这里的限期拆除是行政责任，《海域使用管理法》第44条规定："违反本法第二十三条规定，阻挠、妨害海域使用权人依法使用海域的，海域使用权人可以请求海洋行政主管部门排除妨害……"这里的排除妨害也是行政责任。但是，根据《长沙市城市管理条例》第35条之规定，城市管理综合行政执法机关查处下列违法行为时采取的排除妨碍、消除危险措施属于行政强制措施，而不是行政责任承担：（1）对违反市容环境卫生管理有关规定通过悬挂、张贴、涂写、刻画发布经营信息、联系业务号码的，要求当事人在规定期限内接受处理；当事人逾期未按要求接受处理的，可以书面通知通信企业配合处理；（2）不按规定在人行道上停放（含临时停放）的机动车，机动车驾驶人不在现场或者虽在现场但拒绝立即驶离的，可以锁定机动车车轮或者将机动车拖离现场，并及时告知机动车驾驶人；（3）对不按规定使用专用运输车辆运输散装流体物品，造成环境污染的，可以暂扣违法车辆至指定场所；暂扣车辆行为不得影响交通安全、畅通，违法行为处理结束后应当予以放行。至于履行其他法定义务，也是行政相对人承担行政责任的常见方式，如《长沙市城市管理条例》规定，违反规定未安装视频监控装置的，由城市管理综合行政执法机关责令限期安装，未正常使用视频监控装置的，由城市管理综合行政执法机关责令改正。这里的限期安装、责令改正实际上就是责令行政相对人履行其他法定义务。行政相对人对行政主体依法作出的上述停止违法、限期改正、排除妨碍、消除危险、履行其他法定义务的决定，依法应当及时履行；逾期不履行或者未按规定履行的，行政主体可以决定代为履行，所需费用由当事人承担。

（四）行政处罚责任

行政处罚是行政相对人承担行政责任的最主要形式，它集中了行政相对人人身、财产、行为等多方面的责任形式。按照《行政处罚法》、《治安管理处罚法》等法律法规的规定，主要包括：警告（通报批评）、罚款、没收违法所得、没收非法财物、责令停产停业（整顿）、暂扣或吊销许可证、执照、取缔、降低资质、限制市场准入、行政拘留、劳动教养等，对外国人还有限期离境、禁止入境、驱逐出境（既是刑事责任方式，又是行政责任方式）。此外，还有许多极具针对性的行政处罚，如《行政许可法》第 79 条规定："被许可人以欺骗、贿赂等不正当手段取得行政许可的，行政机关应当依法给予行政处罚；取得的行政许可属于直接关系公共安全、人身健康、生命财产安全事项的，申请人在三年内不得再次申请该行政许可……"这里的"在三年内不得再次申请该行政许可"实际上也是一种行为方面的行政处罚。

四、行政法治监督主体的行政责任

在我国，行政法治监督主体有国家监督主体与社会监督主体之分。对于国家监督主体，其行政责任又有国家监督主体的行政责任和公务员的行政责任之分。从责任形式上讲，国家监督主体及其公务员的行政责任与行政主体及其公务员的行政责任大致相同，所不同的是监督主体及其公务员的行政责任由行政法治监督行为违法或不当引起，而行政主体及其公务员的行政责任是由行政行为违法或不当引起。目前，我国对国家监督主体及其公务员行政责任的规定不多，其中国家监督主体的行政责任主要表现为通报批评，其公务员的行政责任主要表现为行政处分。至于社会监督主体的行政责任，主要是行政处罚。

参考文献

1. 应松年主编:《当代中国行政法》，中国方正出版社 2005 年版。

2. 翁岳生主编:《行政法》，中国法制出版社 2002 年版。

3. 姜明安主编:《行政法与行政诉讼法》（第 5 版），北京大学出版社、高等教育出版社 2011 年版。

4. 周佑勇:《行政法原论》（第 2 版），中国方正出版社 2005 年版。

5. 杨海坤、章志远:《行政法学基本理论》，中国政法大学出版社 2004 年版。

6. 朱新力主编:《行政法学》，高等教育出版社 2004 年版。

7. 朱维究、王成栋主编:《一般行政法原理》，高等教育出版社 2005 年版。

8. 叶必丰:《行政法学》，武汉大学出版社 2003 年版。

9. 杨解君主编:《行政法学》，中国方正出版社 2002 年版。

10. 应松年主编:《行政法学新论》，中国方正出版社 1998 年版。

11. 罗豪才主编:《行政法学》，中国政法大学出版社 1999 年版。

12. 陈新民:《公法学札记》，中国政法大学出版社 2001 年版。

13. 周佑勇:《行政法基本原则研究》，武汉大学出版社 2005 年版。

14. 袁曙宏、方世荣、黎军:《行政法律关系研究》，中国法制出版社 1999 年版。

15. 孟鸿志等:《中国行政组织法通论》，中国政法大学出版社 2001 年版。

16. 方世荣:《论行政相对人》，中国政法大学出版社 2000 年版。

17. 应松年主编:《行政行为法》，人民出版社 1998 年版。

18. 王学辉、宋玉波等:《行政权研究》，中国检察出版社 2002 年版。

19. 傅红伟:《行政奖励研究》，北京大学出版社 2003 年版。

20. 林莉红、孔繁华:《行政给付研究》，载武汉大学法学院:《珞珈法学论坛》(第 2 卷)，武汉大学出版社 2002 年版。

21. 郭志斌:《论政府激励性管制》，北京大学出版社 2002 年版。

22. 杨解君:《行政许可研究》，人民出版社 2001 年版。

23.《中华人民共和国行政处罚法释义与案例》，人民法院出版社 1996 年版。

24. 汪永清编著:《行政处罚法适用手册》，中国方正出版社 1996 年版。

25. 胡锦光:《行政处罚法研究》，法律出版社 1998 年版。

26. 付士成:《行政强制研究》，法律出版社 2001 年版。

27. 余凌云:《行政契约论》，中国人民大学出版社 2000 年版。

28. 莫于川:《行政指导论纲——非权力行政方式及其法治问题研究》，重庆大学出版社 1999 年版。

29. 石佑启、杨勇萍:《行政复议法新论》，北京大学出版社 2007 年版。

30. 朱维究主编:《政府法制监督论》，中国政法大学出版社 1994 年版。

31. 杨解君主编:《行政责任问题研究》，北京大学出版社 2005 年版。

图书在版编目（CIP）数据

中国行政法学导论/李升元编著. —北京：中国人民公安大学出版社，2014.5

（山东工商学院法学文库/张献勇 夏凤英总主编）

ISBN 978-7-5653-1649-4

Ⅰ.①中… Ⅱ.①李… Ⅲ.①行政法学—研究—中国 Ⅳ.①D922.104

中国版本图书馆 CIP 数据核字（2014）第 021234 号

山东工商学院法学文库（7）

中国行政法学导论

李升元 编著

出版发行：中国人民公安大学出版社
地　　址：北京市西城区木樨地南里
邮政编码：100038
经　　销：新华书店
印　　刷：北京泰锐印刷有限责任公司

版　　次：2014年5月第1版
印　　次：2014年5月第1次
印　　张：6.75
开　　本：880毫米×1230毫米 1/32
字　　数：182千字

书　　号：ISBN 978-7-5653-1649-4
定　　价：24.00元

网　　址：www.cppsup.com.cn　www.porclub.com.cn
电子邮箱：zbs@cppsup.com　zbs@cppsu.edu.cn

营销中心电话：010-83903254
读者服务部电话（门市）：010-83903257
警官读者俱乐部电话（网购、邮购）：010-83903253
法律图书分社电话：010-83905745